W0071911

Gesine Schwan
Woraus wir leben

Gesine Schwan

Woraus wir leben

Das Persönliche und das Politische

Ein Gespräch mit Christian Geyer

Piper
München Zürich

Mehr über unsere Autoren und Bücher:
www.piper.de

Mix
Produktgruppe aus vorbildlich bewirtschafteten
Wäldern und anderen kontrollierten Herkünften
www.fsc.org Zert.-Nr. GFA-COC-001223
© 1996 Forest Stewardship Council

ISBN 978-3-492-05278-8
© Piper Verlag GmbH, München 2009
Satz: seitenweise, Tübingen
Druck und Bindung: CPI – Clausen & Bosse, Leck
Printed in Germany

»Es geht uns um die Vision einer Welt, in der die am schwersten zu vereinbarenden Elemente menschlichen Handelns miteinander verbunden sind, kurz, es geht uns um Güte ohne falsche Nachsicht, Mut ohne Fanatismus, Intelligenz ohne Verzweiflung und Hoffnung ohne Verblendung.«

Leszek Kolakowski

Inhalt

Vorwort

Es ist ein herrlicher, von uralten Laubbäumen beschatteter Garten in Berlin-Zehlendorf, in dem wir die Gespräche für dieses Buch an drei aufeinander folgenden Tagen im August 2008 begonnen hatten. Gesine Schwan saß auf der Veranda des Hauses, das sie mit ihrem Mann Peter Eigen bewohnt, und stellte sich der Frage, was es eigentlich bedeutet, wenn man sagt, der Mensch sei ein politisches Wesen. Die Philosophin mit dem lebenspraktischen Sinn zeigt, wie viel diese Frage mit unserer täglichen Existenz zu tun hat und wie wenig mit abstrakter Theorie. Sie spannt den Bogen von persönlichen Krisenerfahrungen und Strategien der Lebensbewältigung bis hin zu dem, was sie die »Notwendigkeit eines neuen Gesellschaftsvertrags« nennt. Ihr Reden hat nichts Aufgesetztes, Angestrengtes, bei aller Reflektiertheit bleibt spürbar, dass es ihr um Herzensthemen geht.

Vor allem: sie spricht in einer Art über das Politische, die sich nie in Politikverdrossenheit ergeht, sondern das Politische persönlich nimmt. Es ist eben nicht gleichzusetzen mit dem Handeln der Politiker. Das Politische ist keine Berufssparte, sondern ein Weltverständnis. So verneint Gesine Schwan die Frage, ob »Demokratie als Lebensform« und »existenzielles Bürgerethos« abgedroschene Formeln seien und erklärt: »Das Politische bezeichnet ein Grundverhältnis, in dem der Mensch lebt, und lässt sich nicht auf die Frage reduzieren, ob man in einer Partei Mitglied ist oder nicht. Letzteres hat seine eigene Bedeutung, ganz klar, aber es ist nicht identisch mit der Frage des Politischen, die eine existentielle Frage ist.«

Vor ihr auf dem Tisch liegen das Aufnahmegerät, einige Bücher und Zeitungsartikel, aus denen sie bei Bedarf zitiert. Die Gespräche setzten sich fort bis zum Dezember 2008, im Garten ist es längst zu kalt und regnerisch geworden, und der Terminkalender quillt inzwischen über von Veranstaltungen, die sie für ihre Kandidatur zur Bundespräsidentschaft wahrnimmt. So treffen wir uns unterwegs, wo und wie es gerade geht: mal in der Lounge eines Flughafens, mal in einer Gaststätte oder Hotelbar. Das Ergebnis ist ein Buch, das Einblick gibt in das Denken Gesine Schwans und – die Prognose sei gewagt – keinen Leser im Blick auf sein eigenes Leben unberührt lassen wird.

Gesine Schwan tritt hier als Liberale, als Konservative und als Sozialdemokratin vor uns, und es fasziniert zu lesen, wie leicht und selbstverständlich sie alle drei Pole vereint. Sie warnt vor zu viel Staat, aber genauso davor, dass sich der Staat heimlich aus seiner Verantwortung für das Wohlergehen der Bürger stiehlt. Sie ist für Wettbewerb, aber gegen einen Leistungsbegriff, der sich allein dem Konkurrenzdenken verpflichtet fühlt. Sie verteidigt in der Wirtschaftskrise den Markt, hält es aber für hochgefährlich, ihn zur Weltanschauung zu erheben. Sie unterstreicht die Freiheit der Forschung, aber wendet sich gegen eine organisierte Pseudowissenschaft, wie sie im Hochschulalltag oft zu finden ist. Sie hat von Schönheitsoperationen angefangen bis hin zu Methoden der mentalen Selbstoptimierung nichts Grundsätzliches gegen biotechnische Eingriffe in die menschliche Natur. Aber in Erlösungsfragen greift sie lieber auf die Religion als auf Gehirndoping zurück.

Den persönlichsten Einblick in das Politikverständnis Gesine Schwans scheint man dort zu bekommen, wo sie es in Beziehung setzt zu den Positionen von Leszek Kolakowski, dem unorthodoxen polnischen Philosophen, über den sie promovierte und dessen Laudatio sie 1977 hielt, als er in der Paulskirche den Friedenspreis des Deutschen Buchhandels erhielt. »Kolakowski führt stets ins Offene, Weite«, sagt Gesine Schwan. »Ihm geht es darum, die eine vorhandene Welt auf die

Vielfalt möglicher Welten hin zu sehen. Er fragt, was auch für mein eigenes Fragen wesentlich ist: Wie können sich die unterschiedlichen Sichtweisen so begrenzen und ergänzen, das nicht eine von ihnen sich fälschlicherweise für das Ganze ausgibt? Wenn die Philosophie die menschliche Individualität bejaht, so pflegt Kolakowski zu sagen, tut sie das nicht im Namen einer Vorstellung des Einzelwesens als eines selbstgenügsamen Atoms. Denn man kann die Individualität nur bejahen in ihrer Stellung zur Welt, in der Abhängigkeit von ihr und der Verantwortung für sie. Das ist, finde ich, eine sehr tiefe Begründung für das Politische.«

Gesine Schwan denkt in Möglichkeiten, nicht in Sachzwängen. Deshalb hört man ihr so gerne zu. »Das Terrain klären« – so nennt sie ihre Art, in verfahrenen Situationen für Durchblick zu sorgen. Weil sie es darauf anlegt, die Dinge zu ergründen, statt sie entlang der eingefahrenen Konfliktlinien wahrzunehmen, kann sie vermitteln und zusammenführen. Die Schärfe der Argumentation blockiert bei ihr nicht die Chance der Verständigung, sondern befördert sie.

Sie wehrt sich gegen ein Denken, das Alternativen nicht mehr in Betracht zieht. Und deshalb gelingt es ihr, Impulse für überraschende Lösungen zu geben und mehr Handlungsspielraum zu erlangen, als auf Anhieb erkennbar wäre. Auf diese Weise setzt Gesine

Schwan Wegmarken, an denen sich konkretes politisches Handeln ausrichten lässt.

Ich danke Gesine Hindemith, die dieses Buch von seinen Anfängen bis zur Fertigstellung begleitet hat. Sie war an der inhaltlichen Konzeption, der Recherche und Redaktion maßgeblich beteiligt. Zu danken ist ferner Thymian Bussemer, der das Büro von Gesine Schwan leitet, für die Durchsicht des Manuskripts. Ihm war keine Anfrage zu lästig, um sie nicht geduldig und gut gelaunt zu beantworten. Schließlich geht mein Dank an Britta Egetemeier, der Lektorin vom Piper Verlag, die der Publikation mit Beharrlichkeit und Einfühlungsvermögen auf die Sprünge geholfen hat.

Christian Geyer
Frankfurt am Main, im Dezember 2008

… über Gerechtigkeit
in harten Zeiten

Frau Schwan, als politische Philosophin haben Sie sich immer wieder mit Themen befasst, die jetzt überraschend aktuell erscheinen. Ich denke an die Frage, wie es um das Vertrauen als öffentliche Ressource steht oder wie sich der bedrohte gesellschaftliche Grundkonsens retten beziehungsweise neu herstellen und weiterentwickeln lässt. Nun scheint es heute so, dass Vater Staat eine ungeahnte Renaissance erlebt. Er springt als Retter von Banken und Unternehmen ein, als der einzige Akteur, der den Zusammenbruch des Systems noch abwenden kann. Wie beurteilen Sie diese Entwicklung hin zu mehr Staat?

Im Krisenjahr 2009 wissen wir jedenfalls, dass wir nicht alles dem Selbstlauf der Märkte überlassen dürfen. Es gilt, eine feine Balance zwischen Regulierung und Deregulierung zu finden. Die individuelle Freiheit, die als Leitbild auch für mich ganz obenan steht, darf einerseits nicht zu einer Privatisierung aller staatlichen Aufgaben führen. Andererseits birgt der Ruf nach dem Staat Gefahren, die wir nicht unterschätzen dürfen. Zwar stimmt der Satz von Franz Müntefering, dass in Deutschland der Staat nicht arm ist, aber ein Schuldenproblem hat er schon. Wenn der Staat sich in der Krise allzu bereitwillig von denjenigen als Reparaturbetrieb in Beschlag nehmen lässt, die ihn jahrelang als ineffizient und überteuert gescholten haben, droht die Gefahr einer »self fullfilling prophecy«: Der Staat gerät an die Grenzen seiner Möglichkeiten. Und das nicht, weil er selbst seine Mittel und Möglichkeiten überschätzt hat, sondern weil er für andere einspringen muss. Langfristig könnte dies seine Legitimität untergraben.

Wir wünschen uns in Europa zwar einen starken Staat, aber keinen, der die Gesellschaft erdrückt und die Wirtschaft stranguliert. Das produktive Spannungsverhältnis zwischen den wesentlichen politischen und gesellschaftlichen Akteuren kann durch Machtverschiebungen hin zum Staat nachhaltig Schlagseite bekommen und so negative Konsequenzen zeitigen. Wir wollen eine freie Wirtschaft in einem sozialen marktwirtschaftlichen Ordnungsrahmen und eine freie, lebendige Zivilgesellschaft. Staatliche Interventionen in diesen Bereichen sollten wir nur kurzzeitig und für die Dauer einer existenziellen Krise zulassen. Anderenfalls begehen wir einen ordnungspolitischen Sündenfall und beschädigen die Demokratie.

Vor allem aber birgt die Renaissance des Staates, der uns zwar als europäisch und international eingebetteter, unterm Strich aber als klassisch nationalstaatlich handelnder Akteur begegnet, die Gefahr, dass wir die notwendige Weiterentwicklung zu internationalen Aushandlungsmechanismen verschleppen. Eine solche Tradierung des überkommenen Nationalstaats aus der falschen Wahrnehmung heraus, dass er doch ein guter Garant gegen Krisen aller Art sei, würde uns in unserem Bemühen um den Aufbau einer neuen Ordnung um Jahre zurückwerfen.

Gerechtigkeit ist in harten Zeiten wie diesen das Schlagwort schlechthin. Es scheint alles und nichts zu bedeuten, jeder ist dafür und beansprucht es für sein eigenes politisches und wirtschaftliches Handeln. Was sagen Sie zur Konjunktur dieser Vokabel?

Zwei Fragen müssen wir dabei im Kopf behalten. Erstens: Zwischen wem soll Gerechtigkeit herrschen? Und zweitens: Bezogen worauf soll Gerechtigkeit herrschen? »Jedem das Seine« heißt eine Formel, die wir, wenn es um Gerechtigkeit geht, oft hören oder selbst verwenden. Sie geht auf Aristoteles zurück, der in seiner *Niko-*

machischen Ethik Gerechtigkeit als die höchste Tugend gepriesen hat, weil sie für »die anderen«, für unser gesellschaftliches und politisches Zusammenleben, von größter Bedeutung ist. Als Antwort auf die Frage, was Menschen gerechterweise zusteht, unterscheidet Aristoteles zwischen Gerechtigkeit und Gleichheit. Gerechtigkeit kann nicht alles über einen Kamm scheren, sie muss Unterschiede berücksichtigen, weil beispielsweise unterschiedliche Leistungen nicht gleich belohnt werden können. Gleiches kann also nicht für Ungleiches gelten. Sechs Stunden der gleichen Arbeit können nicht genauso bezahlt werden wie zwölf. Das wäre ungerecht.

Aristoteles fordert eine Entsprechung, eine Proportionalität zwischen dem, was ein Bürger in das Gemeinwesen, modern gesprochen: ein Arbeiter in ein Unternehmen, einbringt, und dem, was er, etwa an Ehre und Ansehen oder an Lohn, dafür erhält. Zugleich aber gehört zur Gerechtigkeit auch ein Element der Gleichheit, weil jeder auf gleiche Weise für eine gleiche Leistung belohnt werden muss.

Heute fordern wir, durchaus in Aristoteles' Sinn: »Gleicher Lohn für gleiche Arbeit.« Es empört uns, wenn Statistiken zeigen, dass Frauen deutlich weniger Lohn erhalten als Männer, obwohl sie dieselbe Tätigkeit ausüben. Das Gerechtigkeitsmaß wird hier nicht nur direkt, sondern auch versteckt verletzt, weil Frauen aus einer ganzen Reihe von Gründen benachteiligt sind – zum Beispiel aus traditionellen Vorurteilen, wegen ungleicher Aufteilung der Familienarbeit oder wegen des allgemein männlich geprägten Charakters der Arbeitswelt. Damit wird zugleich deutlich, dass Gerechtigkeit in einem komplexen Umfeld hergestellt werden muss, in dem nicht nur Arbeitnehmer in einem Unternehmen, sondern gesellschaftliche Vorurteile, die Organisation der Familie und noch viel mehr eine wichtige Rolle spielen.

Diese Beobachtung verweist uns auf die beiden bereits erwähnten leitenden Fragen: Zwischen wem soll Gerechtigkeit herrschen? Zwischen Frauen und Männern? Zwischen Jungen und Alten? Zwischen denen, die heute leben, und den nachfolgenden Generationen? Und handelt es sich dabei nur um die bisher in Rede stehende proportionale Leistungsgerechtigkeit oder steht »jedem«, steht allen etwas Gleiches zu, jenseits einer vergleichbaren Leistung, allein weil ihre Würde dies verlangt?

In der Vergangenheit haben diese Fragen immer wieder andere Antworten gefunden. In früheren Zeiten hat man große Gruppen von Menschen aus der Gleichheit und damit der Teilhabe ausgeschlossen: Leibeigene, Menschen ohne eigenständiges Einkommen zum Beispiel vom Wahlrecht. Die Geschichte ist voller harter, auch gewalttätiger Auseinandersetzungen darüber, wer oder welche sozialen Gruppen, Schichten, Klassen in die prinzipielle Gleichheit der Menschen einbezogen werden müssen. Dabei kann man eine geschichtliche Tendenz ausmachen: die der zunehmenden Inklusion, des fortschreitenden Einschlusses aller Menschen in eine grundlegende Gleichheit der gleichen Würde, des gleichen Rechts auf Selbstbestimmung. Nach und nach ist so immer ausdrücklicher die prinzipielle Gleichheit aller Menschen in den Menschenrechten als universalen Rechten aller hinsichtlich ihrer Würde, ihrer Freiheit und Sicherheit anerkannt worden. Aber wie sieht es faktisch aus?

Sind wir über das gleiche Recht aller Menschen, nachts nicht unter Brücken zu schlafen, wie Anatol France die Menschenrechte sarkastisch kommentiert hat, hinausgekommen? Falls nein: Wie kommen wir dahin, dass die prinzipielle, manche sagen angeborene Gleichheit der Menschen und damit ihr gleiches Recht auf Freiheit Wirklichkeit werden?

Die Gerechtigkeitsfrage als Lackmustest für die Begründung liberaler Verfassungen?

Ich tendiere sehr stark in diese Richtung. Im 20. Jahrhundert hat der große amerikanische Philosoph John Rawls in seiner *Theory of Justice* das Nachdenken über Gerechtigkeit in einem interessanten Gedankenexperiment zusammengefasst: Stellen wir uns vor, wir säßen alle hinter einem »Schleier des Nichtwissens«. Dann wüssten wir nicht, ob wir in dem Gemeinwesen – nicht nur im Staat, auch in einer Schule, in einer Kommune, in einem Unternehmen –, für das wir die Regeln schaffen wollen, jung oder alt, eher intellektuell oder praktisch begabt, Mann oder Frau sein würden. Daher käme es in unserem eigenen Interesse darauf an, dass wir in jeder dieser Situationen gut oder zumindest nicht ganz schlecht wegkommen.

Rawls hat damit eine Begründung für die Legitimation moderner liberaler Verfassungen geliefert, nach denen nicht jeder das Gleiche besitzen oder die gleiche gesellschaftliche Position bekleiden muss. Aber alle Verhältnisse, die diese gleiche Chance verwehren, sind ungerecht. Es lohnt sich, diese Interpretation der Gerechtigkeit weiterzuverfolgen. Denn wir müssen dann nicht einen perfekten Gesellschaftszustand zeichnen, was wir nicht könnten und was uns in die Nähe totalitärer Entwürfe brächte. Wir können vielmehr sehr realitätsnah prüfen, was die Menschen unbedingt brauchen, um ihr Leben in Freiheit und unter Wahrung ihrer Würde gestalten zu können.

Gerechtigkeit ist kein Luxusproblem, wie es in einer akademischen Betrachtung scheinen könnte. Um welche konkreten politischen Handlungsfelder geht es?

Wolfgang Merkel, herausragender Sozialwissenschaftler am Wissenschaftszentrum Berlin, hat kürzlich im Anschluss an John Rawls eine Reihe von Bereichen zusammengestellt, in denen Politik eine solche Gerechtigkeit als Chancengleichheit herstellen kann. Dazu gehört nach Merkels Auffassung eine materielle Grundsicherung zum Schutz gegen Armut, insbesondere bei unverschuldeten Lebensrisiken, die Vermeidung extremer Einkommensunterschiede, die – wie schon Aristoteles wusste – den sozialen Zusammenhalt gefährden und in der Regel nicht durch Leistungsunterschiede zu rechtfertigen sind. Dazu gehört die Gerechtigkeit zwischen den Geschlechtern, die Integration in den Arbeitsmarkt, weil hier über Einkommen, Prestige und die tatsächliche Zugehörigkeit zur Gesellschaft entschieden wird, und die Gerechtigkeit zwischen den Generationen, in der es darum geht, welche Welt wir unseren Nachkommen übergeben. Denken Sie an die Schuldenlast, aber auch an die zerstörte oder bewahrte Natur und Umwelt. Das wichtigste aber ist der Bereich von Bildung und Ausbildung, weil hier die Weichen gestellt werden für die Lebenschancen jedes einzelnen Menschen. Dies ist heute besonders bedeutsam angesichts eines immer unübersichtlicheren Arbeitsmarktes, ganz allgemein: einer immer unübersichtlicheren Welt. Ich sehe hier die individuelle Person im Zentrum aller

Überlegungen. Aber diese Person lebt nicht allein, könnte gar nicht allein überleben. Deshalb ist das Ziel von Bildung dort, wo seit der Antike darüber nachgedacht wurde, immer mit Blick auf das Gemeinwesen, den Staat, die Polis formuliert worden, die die Hülle für alle Gemeinsamkeit abgibt. Deshalb gehören heute mehr denn je Gerechtigkeit und Bildung zusammen.

Inwiefern lässt sich auch die Stabilisierung eines breiten Mittelstands als eine Aufgabe der Gerechtigkeit beschreiben? Oder negativ formuliert: Wie ungerecht sind extreme Einkommensunterschiede?

Die Vermeidung extremer Einkommensunterschiede – und das heißt ja gerade: die Stützung eines breiten Mittelstands – ist unter anderem deswegen eine entscheidende Voraussetzung für Gerechtigkeit, weil sie der Stabilität freiheitlicher Gemeinwesen dient. Denn extrem Reiche wie extrem Arme haben andere Sorgen als die Demokratie. Die extrem Reichen glauben, ohne den Staat auskommen zu können, und die extrem Armen müssen ihr Augenmerk auf ihr schieres Überleben richten. Auch deswegen wenden sie sich enttäuscht von der Politik ab. Es ist gefährlich, wenn im Bewusstsein der Gesellschaft angesichts verrückter Einkommensunterschiede Leistung nichts mehr wert ist, weil ein sichtbarer Zusammenhang zwischen Leistung und Entlohnung verloren gegangen ist.

Das verletzt unseren elementaren Wunsch nach Gerechtigkeit, den wir übrigens – wie neuere wissenschaftliche Untersuchungen eindrucksvoll bestätigen – nicht nur für uns, sondern auch für andere hegen. Außerdem fragt man sich: Lohnt es sich noch, ehrlich zu sein? Auf Börsen-Spekulationen allein kann man ein Gemeinwesen nicht bauen. Ohne Gerechtigkeit bricht es zusammen, ohne Gerechtigkeit sind Staaten Räuberbanden, oder die Gesellschaften versinken im Bürgerkrieg.

Oder bei uns noch greifbarer: Sie versinken in der Arbeitslosigkeit.

Das Motiv, diesen perspektivlosen Ausschluss aus dem Arbeitsleben insbesondere für die sogenannten Langzeitarbeitslosen zu überwinden, war einer der Anstöße der Agenda 2010 der rot-grünen Regierung, die so viel Bestätigung auf der einen, so viel Protest auf der anderen Seite ausgelöst hat. Mir geht es hier nicht um die Beurteilung einzelner politischer Maßnahmen. Die Ziele jedoch, die Integration in den Arbeitsmarkt zu fördern und auch der Versuchung zu widerstehen, von Sozialleistungen anstatt von Arbeit zu leben, wenn der Arbeitslohn die soziale Unterstützung nicht erkennbar übersteigt, diese Ziele sind im Sinne der Gerechtigkeit als Integration in den Arbeitsmarkt vernünftig. Darauf zielt ja auch die Forderung nach einem Mindestlohn. Aber viele haben sich durch die Offenlegung ihrer finanziellen Verhältnisse, so unvermeidbar diese auch sind, und durch sozialen Abstieg gedemütigt gefühlt. Wer nicht wieder Arbeit gefunden hat, muss ein eingeengtes Dasein führen ohne Aussicht auf akute Besserung. Bei diesem Regelungswerk mit dem unsäglichen Namen Hartz IV zeigt sich, wie viele Nebenwirkungen und unerwartete Folgen komplizierte sozialstaatliche Regelungen oft nach sich ziehen und wie sehr ihr Gelingen, zumal in unserem föderalen System, von der Kooperation vieler Ämter und Menschen abhängt, die wir überzeugen müssen. Es zeigt sich auch, dass es schwer ist, Missbrauch von Sozialsystemen, der sich immer wieder einschleichen kann, so zu verhindern, dass damit nicht demütigende Kontrollen einhergehen.

Frau Schwan, Sie treten zum zweiten Mal für das Amt des Bundespräsidenten an. Es scheint, als könnten Sie ohne größere Herausforderungen nicht leben?

Das Wort »Herausforderung« hört man in letzter Zeit häufig, manche mögen es deshalb nicht mehr. Ich selbst mag es, weil es darauf zielt, scheinbar unüberwindbare Probleme, Gegensätze oder Hindernisse in fruchtbare Spannungen zu überführen. Spannungen, die wir vielleicht lösen oder zumindest so aushalten und gestalten können, dass aus ihnen etwas Positives erwächst. Hinter einer solchen Umdeutung versteckt sich kein Trick, sondern die Erfahrung, dass Hindernisse oder Gegensätze zunächst stören mögen, dass sie aber auch unsere Phantasie beleben und unseren Blick auf den tragenden Grund unserer Existenz und unseres Zusammenlebens schärfen können. Deshalb nehme ich diese erneute Kandidatur jetzt auch gern auf mich. Insofern möchte ich die Frage bejahen: Ja, ohne Herausforderungen, größere wie kleinere, würde ich mich nicht angespornt fühlen, wäre ich nicht zufrieden. Das Leben erschöpft sich ja nicht im Dienst nach Vorschrift. Leben braucht ein wenig Sturm, ab und an wenigstens. Sonst verläppert es in lauter Erledigungen, die eigentlich warten können.

Ist es wichtig, ehrgeizig zu sein?

Ehrgeiz, das riecht erstmal nach Eitelkeit und Ich-Bezogenheit, danach, besser sein zu wollen als die anderen. Allerdings: Wenn man unter Ehrgeiz versteht, sich um einer wichtigen Sache willen Ziele zu setzen und sich darum zu bemühen, sie zu erreichen – dann bin ich auch ehrgeizig. Aber es gibt natürlich auch falschen oder übertriebenen Ehrgeiz.

Woran erkennt man den Unterschied?

Übertriebener Ehrgeiz ist blind für die Umgebung, blind dafür, dass es auch Fortschritte gibt, die in Wirklichkeit oder an anderer Stelle einen Verlust darstellen. Der Ehrgeizige sollte sich schon fragen, ob das Ziel die Mühe lohnt oder ob die Befriedigung, die man sich von seiner Erlangung verspricht, nicht überschätzt wird. Im Zweifel sollte man Abstand zu sich selbst gewinnen.

Was hat Sie eigentlich an der Politik und am Politischen von früh an so angezogen? Gibt es da Erlebnisse, intellektuelle Erfahrungen, die für Sie Marksteine waren?

Meine Herkunft ist für diese Frage wesentlich. 1943 wurde ich in Berlin in eine ziemlich politische Familie hineingeboren, die dem Widerstand angehörte. Seit meiner frühesten Kindheit spielte die Politik in unseren zahlreichen, lebhaften Familiengesprächen eine herausragende Rolle. Es ging um die schlimme Erbschaft der NS-Zeit und um die Rolle, die ehemalige Nazis ungeachtet ihrer diskreditierten Vergangenheit in der Bundesrepublik der Fünfzigerjahre wieder spielten. Der Auftrag unserer Eltern an meinen älteren Bruder und mich war klar: Wir sollten uns in der neuen

Demokratie und für sie engagieren und für die Wiedergutmachung des Unheils, das Nazi-Deutschland insbesondere bei seinen Nachbarn in Europa angerichtet hatte. Darüber, dass wir ohne sinnstiftende Aufgabe in die Welt geschickt worden wären, konnten mein Bruder und ich uns also nicht beklagen. Ein polnischer Spielfilm über Auschwitz – »Die letzte Etappe« –, dessen Regisseurin Wanda Jakubowska dort Häftling gewesen war, gab dem 1956 noch einmal einen starken emotionalen Schub. Der Film führte die systematische Entwürdigung der Häftlinge vor. Die ganze Nacht danach war mir schlecht.

So wurde die Demokratie nach und nach zu meinem Lebensthema. Zunächst als politisches System, dessen Gewaltenteilung es zu verstehen galt. »Demokratie als Lebensform«, die politische Kultur der Demokratie, kam erst in der Auseinandersetzung mit und später um 1968 in meinen Blick. Die studentische Opposition gegen das politische System der Bundesrepublik prangerte den Verbleib der alten Eliten an den gesellschaftlichen Schaltstellen an. Das war richtig. Aber viele verhielten sich aggressiv, unfair, ohne Rücksicht auf menschliche Verluste. Das fand ich nicht richtig. So weckte die »subjektive« Seite der Demokratie immer mehr mein Interesse. Ich wollte die tieferen Schichten der Einstellungen zur Demokratie erkunden. Das war methodisch sehr schwer, wurde aber als Problem in der deutschen Politikwissenschaft in den Achtzigerjahren immer offenkundiger. Schließlich zeigten mir lange Gespräche, wie sehr sich diejenigen, die aus Familien der nationalsozialistisch diskreditierten deutschen Eliten stammten, sich abarbeiteten am Versagen, ja an der Schuld ihrer Eltern, vornehmlich ihrer Väter. Wie sie sich selbst oft unbewusst schuldig und als Opfer ihrer Eltern fühlten.

Dadurch und aus Gründen meiner privaten Biografie, im Zusammenhang mit der langen Krebskrankheit meines verstorbenen Mannes Alexander Schwan, wurde »Schuld« zu meinem Thema. Kein typisch politikwissenschaftliches Thema, eher gehört es in die Philosophie, die Psychologie oder die Theologie. Ich meine aber, es gehört ganz zentral auch in die Politikwissenschaft, in die Forschung zur politischen Kultur, weil Schuldgefühle das Zentrum der mentalen Voraussetzung von Demokratie, nämlich ein solides Selbstvertrauen und Kompetenzgefühl der Bürger, schädigen.

... über Familie und modernes Arbeiten

Ein Bereich, in dem Gerechtigkeitsfragen, aber auch die Verschränkung des Persönlichen mit dem Politischen für den Einzelnen besonders spürbar werden, ist das Familienleben. Etwa die täglich aufs Neue sich stellende Frage, wie man Familie und Karriere unter einen Hut bekommt. Ich schlage deshalb vor, dass wir bei diesem Punkt etwas länger verweilen.

Ich spreche dabei nicht gern von Karriere, sondern lieber von Berufstätigkeit, die gerade, wenn sie befriedigend sein soll, nicht vorrangig unter dem Aspekt der Karriere gesehen werden sollte. Dabei möchte ich gleich zur Vorsicht mahnen: Ich selbst weiß nicht, ob ich meine Rolle immer so gespielt habe, dass es ideal für die Kinder war. Ich habe mich bemüht, glaube aber heute, auch wenn ich die Altersgenossen meiner Kinder betrachte, dass man mit Erziehung nicht alles erreichen kann. Kinder sind sehr früh, eigentlich von Anfang an, sehr eigene Wesen, und man muss von Glück sagen, wenn es gelingt, sie günstig in ihr Leben zu begleiten. Aber es gibt natürlich auch Probleme, die ihnen von außen bereitet werden. Dazu gehört ein Bild der Mutter, das der Mutter-Kind-Beziehung – im Unterschied zur Vater-Kind-Beziehung – eine geradezu historische Einmaligkeit zuspricht und in der Regel den Schluss nahelegt, dass Mütter sich ausschließlich den Kindern widmen müssten. Auch nur einige Stunden Trennung am Tag führen dann schon unweigerlich ins Unglück. Meines Erachtens führt diese Haltung dazu, dass die Beziehung viel zu intensiv wird und das Kind manchmal auch geradezu erdrückt. Die Kehrseite davon ist, dass sich Mütter zuweilen heute ganz wie in den Fünfzigerjahren ein schlechtes Gewissen einreden lassen, wenn sie nicht den ganzen Tag um ihr Kind herum sind. Dazu ringen Frauen mit den Auswirkungen eines von Experten verordneten Höchsttrainings, das alle möglichen Aktivitäten und Anregungen für Kleinkinder fordert. Das hängt, meine ich, mit der Angst vor Versagen im Überlebenskampf zusammen. Bei aller Vorsicht möchte ich hier empfehlen, den Ball flach zu halten. Baby-Yoga oder mit drei Jahren drei Sprachen können ist, glaube ich, kein Muss, wenn auch unter günstigen Umständen ein Kann.

Eine gewisse Lässigkeit scheint mir förderlicher zu

sein, vor allem die Zeit, Spaß miteinander zu haben. Es gibt kein Rezept für eine gute Mutterschaft oder den perfekten Vater. Ich zweifle auch am sogenannten weiblichen Fürsorgeinstinkt, der Frauen angeblich auf jedes Baby fliegen lässt. Da kommen sich nämlich alle jene Frauen garstig vor, die sich nicht begeistert über jeden vorbeifahrenden Kinderwagen beugen und in Verzückung geraten. Da gibt es eben Unterschiede in der Emphase. Überall auf der Welt werden Kinder anders groß, wie soll es da ein universell richtiges Verhalten geben? Die afrikanische Frau, die nebenbei acht Kinder versorgt, wird sich über die Mitteleuropäerin wundern, die im Stundentakt andere Beschäftigungen für ihr Kind auftut, um es nur ja für den schulischen Wettbewerb fit zu machen, und umgekehrt. Die Kultur bestimmt auch darüber, wie man mit den Babys umgeht. Das heißt in der Regel, dass Mütter wie Väter ihren Intuitionen durchaus trauen sollten.

Nun gibt es doch aber unabhängig davon das Phänomen einer speziellen Mutter-Kind-Bindung, das man nicht einfach in den Wind schlagen kann.

Dass das Kind seine Mutter – aber auch seinen Vater! – braucht, bestreite ich nicht. Diese Beziehungen sind das Fundament der Persönlichkeitsentwicklung. Sie sind jedoch nicht so fragil, wie häufig angenommen wird. Kleinkinder bekommen viel mehr mit, als wir manchmal denken. Sie können zum Beispiel erstaunlich differenziert zwischen ihrer Mutter und anderen Personen unterscheiden. Jeder weiß ja schon aus Erfahrung, dass Kinder auch zu Papa, Tanten oder Omas eine enge Beziehung entwickeln. Im Babyalter sind es meist um die vier Personen, die so vertraut mit dem Kind sind, dass sie es bei einem kleinen Unglück trösten können. Eine Erzieherin in der Krippe kann eine vertraute Person des engsten Kreises werden. Weil das Kind die Fähigkeit hat, zwischen der Mutter und anderen zu unterscheiden, erwartet es beim Anblick der Erzieherin auch gar keinen Mutterklon, sondern sieht in ihr so etwas wie einen Spielpartner auf engster Vertrauensbasis. Und nichts anderes muss sie ja sein. Keine Erzieherin soll und möchte die Mutter ersetzen. Es geht ja letztlich nur darum, dass das Kind ein paar Stunden am Tag auch mit anderen spielen kann, Freunde zum Spielen und zum Auseinandersetzen gewinnt und dass die Eltern zugleich entlastet werden. Die Familie als Basis wird durch einen Krippenbesuch ja gar nicht angegriffen. Ich will damit sagen: Es geht nicht um »entweder oder«, sondern um »sowohl als auch«.

Gibt es bei vielen verunsicherten Eltern nicht inzwischen eine regelrechte Expertenhörigkeit, die die Kin-

dererziehung erst recht zu einer anstrengenden, ja übermenschlichen Sache macht?

Ich glaube schon, dass man im Moment so etwas wie eine weitverbreitete Ratgeberverblendung durch angebliches Expertenwissen feststellen kann. Allerdings nicht nur in der Kindererziehung. Wenn sie zu viel auf Bücher vertraut, weiß auch die beste Mutter am Ende nicht mehr, was noch angemessen und was völliger Humbug und zudem meist herausgeworfenes Geld ist. Überengagierte Eltern täten vielleicht besser daran, mal wieder etwas mehr Ruhe in die Erziehung zu bringen. Letztlich – und das ist den wenigsten klar – können sie die Kindheit ihrer Schützlinge bedrohen. Die haben nämlich am Ende überhaupt keinen Freiraum mehr, in dem sie sich entwickeln können, weil alles pädagogisch gelenkt und gesteuert ist. Da müssen sie ja verwöhnt und maulig werden. Zu meiner Zeit nannte man das in Übernahme angelsächsischer Erziehungstheorien »overprotected«. Ich höre junge Eltern klagen, dass Kindheit zur Kinderaufzucht wird, in der sich die Eltern mit einem noch nie da gewesenen Perfektionismus betätigen und Expertenwissen aufsaugen, um dann selber über den Gartenzaun hinweg zum Besserwisser zu werden. Wenn das so ist, haben wir etwas falsch gemacht. Letztlich kommt das keinem zugute, auch den Eltern nicht. Denn die geraten unter einen ungeheuren Leistungs- und Konkurrenzdruck, schließlich wird jede »Fehlentwicklung« ihres Kindes auf sie zurückgeführt. Der ständige Vergleich mit »den anderen« kann da zur fixen Idee werden. Und das alles nur aus der Angst, etwas falsch zu machen oder in einer Welt des Wettbewerbs zu versagen. Wir täten gut daran, wieder etwas mehr Vertrauen in uns selbst zu haben.

Haben wir, was diesen Schwarz-Weiß-Konflikt zwischen Kind und Berufstätigkeit angeht, nicht ein spezifisch deutsches Problem?

In anderen Ländern, zu denen Frankreich und vor allem auch die skandinavischen Länder gehören, ist die Vereinbarung von beidem längst selbstverständlich geworden. Mütter sind Mütter und haben gleichzeitig ein erfülltes Berufsleben. Und ein erfülltes Berufsleben hätte für mich nicht geheißen, zu Hause Klavierstunden zu geben oder vormittags ein paar Stunden als Sprechstundenhilfe zu arbeiten, um die Haushaltskasse aufzubessern. Erfüllung im Beruf heißt, dass diejenigen, die einen engagierten Beruf wollen, diesen auch weiter ausüben können und nicht durch das erste, spätestens zweite Kind erst einmal schachmatt gesetzt werden. Denn so ist es ja noch häufig. Dieser Konflikt wird dabei zum Dauerzustand der Zerrissenheit, in dem sich die Frauen einrichten müssen. Barbara Vinken hat dies in ihrem Buch zum Mythos der deutschen Mutter auf die Formel zugespitzt: Ohne schlechtes Gewissen keine echte deutsche Mutter.

Sie haben selbst zwei Kinder und zweifellos eine äußerst erfolgreiche Karriere als Wissenschaftlerin gemacht. Wie haben Sie sich diesem Konflikt gestellt?

Zunächst nur mit schlechtem Gewissen. Ich frage mich heute noch, ob die Kinder damals gemerkt haben, wie sehr mein Leben durchorganisiert war, und deshalb den Eindruck hatten, dass ich nie so ganz da war. Wenn ich mit denen in die Buddelkiste gegangen bin, hatte ich auch gleichzeitig immer eine Diplomarbeit dabei, die ich korrigiert habe, weil mich das Buddeln und Schaufeln auch nicht so wahnsinnig interessiert hat, das war nicht meine Lieblingsbeschäftigung. Ich war keine Supermutti, die nur ihre Kinder im Kopf hatte. Insgesamt hatte ich natürlich auch gute Bedingungen, um zu arbeiten. Als Wissenschaftlerin konnte ich einen großen Teil meiner Arbeit zu Hause erledigen. Ich bin mir aber auch im Klaren darüber, wie schwierig es sein muss, wenn man für seinen Beruf den ganzen Tag außer Haus sein muss. Es hat mich sehr entlastet, als meine Tochter mir viel später mit zwanzig Jahren einmal sagte: »Du warst immer da, wenn man dich brauchte.«

Wie haben Sie das denn ganz praktisch miteinander vereinbart, den Schreibtisch und die Kleinkinderbetreuung?

Bei mir gab es glückliche Zufälle. In meinem Haus lebte eine ältere Dame, die mit uns auf einer Etage wohnte und zu einer wunderbaren Ersatzoma für meine Tochter wurde. Die Kleine krabbelte morgens um neun nach unserer Frühstückszeremonie zu »Oma Karos« – so nannten wir sie –, die hatte schon die Tür einen Spalt geöffnet, und bis ein Uhr blieb meine Tochter dann dort und hatte eine herrliche Zeit. Danach aßen wir gemeinsam zu Mittag. Diese Oma Karos, damals 75, ehemals Krankenschwester, versicherte mir wiederholt, dies sei die schönste Zeit in ihrem Leben. Das sagte auch einiges über ihr bisheriges Leben aus, aber immerhin. Sie profitierte, ich profitierte: eine klassische Win-win-Situation. Es war ja keine Verwandtschaft, sondern eine zufällige Konstellation. Der Sohn war den Vormittag über im Kindergarten, ich konnte bis ein Uhr am Schreibtisch sitzen und hatte kein schlechtes Gewissen mehr. Für eine berufstätige Mutter ein großer Gewinn und, wie wir gerade feststellten, absolut keine Selbstverständlichkeit. Da gibt es immer noch eine beträchtliche Schieflage.

Es hört sich so an, als gehöre zu dieser Schieflage, dass es gar keine gleichberechtigten Partnerschaften gibt, jedenfalls nicht, wenn Kinder im Spiel sind.

Es ist unter diesen Bedingungen – und das hatte bisher auch familienpolitische Ursachen – extrem schwer, eine wirkliche Gleichberechtigung herzustellen. Weil Berufstätigkeit und Kinder in Deutschland nicht als vereinbar, sondern als alternativ aufgefasst werden, wird der Frau – will sie eine »richtige« Mutter sein – fast automatisch die erste Verantwortung für die Kinder zugeteilt. Um kein Missverständnis aufkommen zu lassen: Ich habe hohe Achtung vor Frauen, die sich aus freien Stücken dafür entscheiden, aus der Familienarbeit einen Vollzeitjob zu machen. Aber leider ist es um diese Freiwilligkeit oft schlecht bestellt. Mit ihrem Ausscheiden aus dem Beruf – und auch in der Teilzeitarbeit – verliert die Frau ihre finanzielle Unabhängigkeit, und folglich wird die Ehe als Versorgungsinstitution wirtschaftlich unumgehbar. Das beinhaltet leicht, vor allem wenn die Partnerschaft sonst nicht gelingt, den Rückfall in ein Rollenbild und eine Paarstruktur, von denen wir dachten, sie längst hinter uns gelassen zu haben. Und das ist umso bedauerlicher, als die

Familie tatsächlich Keimzelle für den Wertetransfer ist. Wer das ironisieren wollte, wäre ignorant.

Wo muss die Familienpolitik ansetzen, um den Missstand zu beheben?

Das ist nicht nur eine Sache der Politik. Die kann sicher Weichen stellen – und das ist in der letzten Zeit dankenswerterweise vermehrt geschehen –, aber gleichzeitig muss auch ein tief greifender Mentalitätswechsel stattfinden, damit diese Politik in Zukunft besser angenommen wird. So ist es unabdingbar, dass mehr Krippenplätze, Betreuungsmöglichkeiten und Förderprogramme geschaffen werden. Im europäischen Vergleich nehmen wir hier den Status eines Dritte-Welt-Landes ein. Frankreich, Dänemark und Schweden setzen seit vierzig Jahren auf die Vereinbarkeit von Beruf und Familie. Deutschland hat den Anschluss an Europa, was geschlechterpolitische Entwicklungen angeht, noch nicht erreicht. Ein Beispiel: Eine Freundin meiner Tochter ist ausgebildete Ärztin in einem Krankenhaus. Sie hat zwei Kinder bekommen und nun ernsthaft überlegt, nach Schweden auszuwandern, weil man dort den Alltag viel familienfreundlicher organisieren kann. Und solche Beispiele gibt es viele. In Deutschland muss eine Mutter, wenn sie ihr Kind in die Krippe geben will, nehmen, was sie kriegen kann.

Da kann ich durchaus verstehen, dass es einem schwer fällt, sein Kind abzugeben. Ob man es abgibt und wohin man es gibt – beides möchte man sich doch bitte aussuchen dürfen.

Was schlagen Sie vor, um die Debatte auf ein anderes Gleis zu bringen?

Was ist der Ausgangspunkt? Wir wollen mehr Kinder in Deutschland. Nun zeigen aber Studien wie die des Berliner Instituts für Bevölkerung und Entwicklung: Wenn es darum geht, Menschen in modernen Industriestaaten zu höheren Kinderzahlen zu motivieren, scheint nicht die Höhe von Geburtenprämien, Kindergeld und sonstigen Transferleistungen zu entscheiden. Ausschlaggebend ist vielmehr die Gleichstellung von Männern und Frauen in der Gesellschaft, wie das in einigen skandinavischen Ländern ja auch schon der Fall ist. Frauen in Deutschland empfinden sich aber, sobald sie Mütter werden, oft als abgehängt. Sie haben de facto das Gefühl, nicht gleichgestellt zu sein. Der Gedanke, um der Kinder willen den Beruf aufgeben zu müssen, ist fest in den Köpfen verankert. Hier will ich das Elterngeld erwähnen, das oft in seiner Bedeutung nicht richtig eingeschätzt wird. Das Elterngeld hat nämlich nicht nur eine finanziell ausgleichende Wirkung in der ersten Zeit, wenn das Gehalt der Mutter ausfällt. Viel wichtiger ist, dass eine Mutter nun nicht mehr als Ehefrau oder als Sozialfall wahrgenommen wird, sondern als berufstätige Bürgerin. Sie bleibt Ärztin oder Unternehmensberaterin und bekommt ihr Gehalt weiterhin, jedenfalls einen Teil davon. Das ist eine psychologisch wichtige Weichenstellung, die eine gewisse Unabhängigkeit garantiert.

Muss man, was die Verbesserung der Betreuungsqualität betrifft, nicht auch die Wirtschaft noch ganz anders in die Verantwortung nehmen? Betriebskindergärten, flexible Arbeitszeiten sind für die meisten Unternehmen nach wie vor weit weg.

Das ist mehrheitlich richtig, aber es gibt erfreulicherweise doch zunehmend Anknüpfungspunkte in eine andere Richtung. Es gibt Unternehmen, die begriffen haben, dass es kurzsichtig ist, Singles eine Weile lang in ihrer Bereitschaft zur Mobilität auszubeuten und sie durch andere zu ersetzen, sobald diese Bereitschaft etwa nach der Familiengründung nachlässt. So ein Vorgehen ist kurzsichtig, weil das Unternehmen dann auf eine Stammbelegschaft verzichten muss, die eindeutig Vorteile bringt, wie Erfahrung und Treue gegenüber dem Unternehmen. Jede Firma profitiert von zufriedenen, engagierten Arbeitnehmern, die ein einigermaßen ausbalanciertes Leben führen, die Sozialkontakte pflegen können, mit sich selbst im Reinen sind und deshalb nicht psychisch austrocknen. Kurz gesagt: Mit stabilen Menschen fährt auch ein Unternehmen besser, und die Familie – in welcher Form auch immer – erweist sich hier immer noch als die wichtigste Voraussetzung dafür. Familienbewusste Arbeitsstrukturen sind ein harter Profitfaktor, kein weiches Luxusthema. Es geht nicht darum, die Familie gegen die Wirtschaft in Stellung zu bringen. Es geht darum, die Wirtschaft auf die Familie auszurichten.

Das riecht für die meisten Unternehmen in Deutschland nach Revolution.

Sagen wir es so: Man muss eine nachholende Revolution in Gang bringen, die nicht nur die Frau, sondern auch den Mann im Blick hat. Das ist ein überparteiliches und ein geschlechterübergreifendes Thema und muss zum Grundkonsens in der Gesellschaft werden. In den Familien lernen die Kinder Selbstvertrauen, erwerben soziale Kompetenzen, üben sich darin, Konflikte auszutragen und sich zu verständigen. Wenn unsere Kinder Solidarität von Anfang an erfahren, weil sie in einer kinderfreundlichen Gesellschaft aufwachsen, dann ist zu erwarten, dass sie später ihrerseits etwas in diese Solidarität investieren. Wer schon von Kindesbeinen an Verantwortung und Vertrauen lernt, der wird auch eher bereit sein, diese in sozialen Beziehungen weiterzugeben. Nirgendwo ist die Chance, gesellschaftlichen Zusammenhalt zu stärken, so groß wie in der Familie. Nirgendwo können zentrale demokratische Werte so intensiv vermittelt werden wie in der Familie – trotz der bekannten Defizite, die uns vor Augen sind.

Welche Möglichkeiten sehen Sie denn konkret, der Familie auch an den Universitäten mehr Gewicht zu geben?

An den Universitäten ist bereits etwas in Bewegung geraten. Die Hertie-Stiftung vergibt jetzt Zertifikate, die der jeweiligen Universität bei Erfüllung der Bedingungen das Prädikat »Familienfreundlichkeit« verleiht. Und die Unis reißen sich darum. Das hat immerhin eine wertvolle Diskussion angestoßen. Deutsche Hochschulen müssen sich auch auf diesem Gebiet dem internationalen Wettbewerb stellen. Sie müssen familienfreundliche Bedingungen schaffen, damit engagierte Wissenschaftler mit Familie überhaupt einen Ruf annehmen. Es ist ja längst nicht mehr so, dass die Frau dem Mann bedingungslos bei allen seinen Berufungen hinterherdackelt. Entscheidend für die Annahme eines Rufes ist, dass auch der Partner – Mann oder Frau – eines Neuberufenen in der jeweiligen Stadt arbeiten kann. Nach allem, was ich beobachte, werden Strukturen für Kinderbetreuung zunehmend ein abfragbares Kriterium für die Uni-Wahl.

Das gilt, jedenfalls was die Ansätze im weltweiten Trend angeht, anscheinend auch für die Wahl von Unternehmen.

Ursula von der Leyen schildert dazu eine Anekdote, die ich hier zitieren will: Ein Vorstand eines großen, international agierenden Konzerns, der bereits heute Ingenieursstellen nicht mehr besetzen kann, habe ihr erzählt, dass Ingenieurstudentinnen im Konzern anriefen und fragten, welche familienpolitischen Programme das Unternehmen habe. Spätestens von diesem Moment an habe der Manager begriffen, dass das Thema familienbewusste Arbeitsstrukturen kein weiches Thema mehr sei. Er habe die Botschaft der Anruferinnen verstanden: Ich bewerbe mich nicht bei dir, wenn du nicht ein nachweisbares Konzept hast. Und zwar ein Konzept für junge Frauen und junge Männer, die Fragen stellen nach betrieblicher Kinderbetreuung, flexiblen Arbeitszeitmodellen, Vaterzeit, Mutterzeit, Förderkonzepten und Wiedereinstiegsprogrammen nach einer Elternzeit. Das zeigt doch ein hübsches Paradox an: Je mehr man als Familie auf die Wirtschaft zugeht, desto mehr gerät die Wirtschaft unter Druck,

auf die Familie zuzugehen. Klar ist ja wohl: Wenn
Familienfreundlichkeit tatsächlich zum harten Profit-
faktor werden soll, dann muss er auch den Sektor der
Dienstleistungen revolutionieren. Auch dazu hat die
Familienministerin eine, wie ich finde, überzeugende
Vision: »Wir brauchen ein breitflächiges Netz transpa-
renter, legaler haushaltsnaher Dienstleistungen. Das
beginnt bei der Kinderbetreuung, das geht über den
Wäscheservice, über Hol- und Bringdienste für Ge-
tränke und Lebensmittel bis hin zu Pflegediensten.
Diese Dienstleistungen gibt es im Ausland viel profes-
sioneller, deshalb kostengünstiger und vielfältiger. Aus
diesem Grund sind sie einfacher nachzufragen und
abzurufen. Und sie schaffen Arbeitsplätze für Menschen, hinter denen auch wieder Familien stehen.
Wenn es solche Dienstleistungen gibt, ist es leichter
für junge Frauen zu sagen: Ich möchte in meinem
erlernten Beruf arbeiten. Aber ich kann nicht gleichzeitig Kochgenie, Ladenschlusszeitenexpertin, Gärtnerin,
Putzfrau, Ärztin, Nachhilfelehrerin, Fuhrunterneh-
men, liebevolle Mutter, interessante Partnerin und was
sonst noch alles sein.« Die Beispielkette zeigt allerdings
auch, unter welchem Druck all die Eltern stehen,
denen solche haushaltsnahen Dienstleistungen noch
verschlossen sind, vielfach ja auch aus finanziellen
Gründen.

Zusätzlich verschärft wird die häusliche Lage noch durch bildungspolitischen Unsinn. Da muss man ja nur an die jüngsten Gymnasialreformen denken.

Diese Reformen, die in zwölf Jahren zum Abitur führen, waren in vielen Bundesländern wirklich schlecht durchdacht und schlampig durchgeführt. Eine Fünfzig-Stunden-Woche ist für Schüler einfach nicht zu bewältigen. Da fühlen sich natürlich die Eltern in der Verantwortung, ihren Kindern zu helfen. Das sorgt aber auch wieder für eine Menge Ungleichheit. Eine Mutter oder ein Vater, der mit einem Realschulabschluss in einem handwerklichen Beruf arbeitet, wird seine liebe Not haben, dem Sprössling bei der Kurvendiskussion zu helfen. Und Nachhilfe ist teuer. Es soll ja mittlerweile sogar Eltern geben, die selbst Nachhilfe in Latein nehmen, um dann die Hausaufgabenbetreuung für das Kind besser machen zu können. Die Schule wird in dieser Sicht zu einem Anhang des Elternhauses. Der Erfolg der Kinder hängt vom pädagogischen Einsatz der Eltern ab. Man kann geradezu die Qualität eines Schulsystems daran messen, wie viel Nachhilfeunterricht es de facto fordert. Im Grunde ist das eine Bankrotterklärung für unser Bildungssystem.

Im europäischen Vergleich machen wir damit keine gute Figur: Nirgendwo sind Schulerfolg und soziale Herkunft so eng aneinandergekoppelt wie in Deutschland. Hier ist vor allem die Politik gefordert, umsichtiger und durchdachter mit dem Bildungssystem umzugehen.

Zur Lage der Kindererziehung hat Gustav Seibt in einer lesenswerten Polemik auf das »Paradox von blödelnder Masse und Bildungselite« hingewiesen. Behütete Bürgerkinder würden vielfältige Förderung und Anregung erfahren. Die Kinder der sogenannten Unterschicht seien dagegen dem Dreck der Medien schutzlos ausgeliefert. Ich darf zitieren: »Die einen also werden mit Musikunterricht und wertvollen Kinderbüchern gepäppelt, die anderen nennen einander schon im Volksschulalter Schlampe und Opfer; hier Hexameter und Sprachferien im Ausland, da Drogen und Handyschulden, hier Google und Wikipedia, da Zombiefilme oder Killerspiele im Internetcafe. Das sind die Pole, und sie sind nur unwesentlich überzeichnet.«

Ich fürchte, dem ist erst mal wenig hinzuzufügen. Was die soziale Ungleichheit betrifft, so ist auch sie ein schlagendes Argument für die Krippen. Ich meine die Kleinkinderbetreuung als allerfrüheste Chance der Integration.

Die Ungleichheitsproblematik stellt sich ja auch im weiterführenden Schulsystem. Auch hier geht die Schere der sozial bedingten Auseinanderentwicklung immer weiter auf.

Da steht für mich die Frage im Mittelpunkt, welches Bild von Normalität wir haben. Was hat das für zerstörerische Folgen für die Kinder, wenn ihre Entwicklung nur an Standards gemessen wird, die irgendwo für bestimmte Altersstufen gesetzt werden? Das fängt im Kleinkindalter an und geht dann unaufhaltsam so weiter. Die Eltern kriegen zunehmend Beklemmungen, wenn ihre Kinder nicht entsprechend diesem Maßstab funktionieren: Der Kleine krabbelt nicht schnell genug oder hebt noch nicht »altersgerecht« den Daumen … Damit entsteht eine Atmosphäre der Angst und der Schuldzuweisung – erst recht bei rollenspezifischen Ehen, wo die Frau sich allein um die Kinder kümmert und der Mann abends nach Hause kommt. Stattdessen brauchen wir eine Bejahung des konkreten Menschen, um den es geht, mit seinen je spezifischen Talenten und nicht den ständigen Blick darauf, was er schon oder noch nicht kann.

Leistungskriterien sind gesellschaftlich gemacht und spiegeln nicht etwa natürliche Verhältnisse. Es gibt Stärken, die durch die Raster der Bewertung fallen.

Und es gibt Schwächen, die nur deshalb Schwächen sind, weil sie als solche gesellschaftlich festgelegt worden sind. Wie lässt sich der Sinn für die Zufälligkeit unserer Normalitätsvorstellungen schärfen?

Ich habe den Fall einer offenbar sehr fähigen Grundschullehrerin in Bayern vor Augen, Sabine Czerny, die mir besonders imponiert. Anhand dieses Falles habe ich viel über unser Schulsystem gelernt. Die besagte Lehrerin beurteilt ihre Schützlinge nach einer Methode, die zum Ziel hat, die Kinder in erster Linie für das Lernen zu begeistern. Sie misst sie nicht an abstrakten Standards, sondern an ihrem je eigenen Lernfortschritt bzw. an der Leistung im Vergleich zu ihren Potenzialen. Diese Lehrerin fordert eine andere Benotungskultur, die sich nicht im Stil der Gauß'schen Glocke nach der »Normalverteilung« richtet. Weil die Kinder ihrer Klasse ungewöhnlich gute Noten erzielten, sah sich die Pädagogin bald dem Argwohn von Kollegen und Schulbehörde ausgesetzt. Sollte sie also absichtlich schlechtere Resultate produzieren? Nur damit der Schnitt stimmt, den man von ihr erwartete? Der Schnitt soll eine Normalverteilung widerspiegeln, die es so aber gar nicht gibt, die noch niemand belegt hat, die man methodisch gar nicht belegen kann. Mit der Fiktion einer Normalverteilung wird automatisch eine soziale Norm angelegt, die intellektuell gar nicht vertretbar ist, die aber, um der Selektion willen, erzwungen wird. Kinder aus sozial schwachen Familien sind dann die Leidtragenden. Die Lehrerin hat das einzig Richtige gemacht und ihre eigenen Notenkriterien offensiv verteidigt. Sie hat Emil nicht gemessen an dem, was Fritz macht, sondern die Eigenentwicklung des Kindes beurteilt und nur den individuellen Maßstab angelegt. Wie hat Emil sich, gemessen an seinen Fähigkeiten, entwickelt? Genau das ist es, was wir brauchen. In Frau Czernys bayrischer Schule aber war man anderer Meinung. Die Schulleitung behauptete, die Lehrerin würde den Notendurchschnitt verderben. Die Schule gilt demnach nur dann als qualitativ gut, wenn sie nicht zu viele gute Zensuren erteilt. Eine Eliteschule muss also viele Fünfen verteilen, damit man sieht: Hier wird ausgesiebt. So werden »schlechte« Kinder regelrecht produziert – ironischerweise im Dienst der Elitebildung. Die genannte Grundschullehrerin hat schließlich sechs Stunden lang mit dem Vorsitzenden des Lehrerverbandes gesprochen, der daraufhin vehement für ihren Ansatz plädiert und gesagt hat: Sie verficht genau die Pädagogik, die wir für die Zukunft brauchen. Das nenne ich gesellschaftliches Engagement. Sabine Czerny ist die Lehrerin der Zukunft.

Ein schlagendes Beispiel für die Relativität unserer Leistungskriterien. Man sollte diesen Fall viel mehr

publik machen. Was verstehen wir in Deutschland eigentlich unter Leistung?

Hierzulande gilt leider das weitverbreitete Postulat: Leistung folgt allein aus Wettbewerb und definiert sich auch allein durch ihn. Das impliziert, man könne Leistung einfach objektiv und flächendeckend einheitlich bestimmen und die Menschen hierarchisch danach einteilen, ob sie besser oder schlechter sind. Früher hat man damit kokettiert: Wernher von Braun war besonders schlecht in Mathematik, auch Einstein war ein schlechter Schüler usw. Eigentlich wissen auch alle, dass die stets so hochgehängten 1,0-Zeugnisse als Beweis für eine hervorragende Eignung zum Arzt gar nicht dienen. Aber nach inhaltlichen Leistungskriterien wird nicht gefragt. Das ist gefährlich für die Auswahl von jungen Leuten, ob bei Stiftungen, bei Berufsanfängern oder an den Universitäten. Personalchefs von Unternehmen dienen Abschlusszeugnisse oft nur dazu, Bewerber vor dem Gespräch auszusortieren. Erst danach wird nach konkreten Eignungen gesucht, die die Aussortierten möglicherweise viel besser aufzuweisen gehabt hätten. Die Schemata der Leistungsdefinition einfach mal in Frage zu stellen, ist für mich ein wichtiger Punkt. Leistung ist im Grunde ein ganz formaler Begriff. Es ist ja auch eine Leistung, jemanden umzubringen. Die Frage nach der Messbarkeit müsste klären: Wie definieren wir die Leistung, und warum definieren wir sie so, wie wir sie definieren?

Ist das ein Plädoyer, öfter mal alle fünfe gerade sein zu lassen? Nach dem Motto: Manche Probleme lösen sich am besten dadurch, dass man sie gezielt ignoriert, Erwartungen vorsätzlich unterläuft? Kathrin Passig und Sascha Lobo von der Zentralen Intelligenz Agentur erklären: »Von innen betrachtet sehen die Umstände stets dringender und zwingender aus, als sie eigentlich sind. Scheinbaren Dringlichkeiten zu trotzen und im richtigen Moment auch mal nichts oder nicht das Geforderte zu tun, ist wesentlich häufiger richtig, als man glaubt.«

Ja, so viel Lebenskunst muss sein. Befreien wir uns von der Vorstellung, wir müssten immerzu topfit und die Besten sein, weil wir ansonsten für immer aus dem Spiel wären. Diese Vorstellung ist auf Dauer auch für das Beziehungsleben Gift. Soweit die Anerkennung von Leistung nur über dieses substanziell völlig unausgefüllte Kriterium Markt und Wettbewerb läuft, kann es zum Beispiel ungerechterweise passieren, dass der eine Partner Erfolg hat, der andere aber nicht. Obwohl ihre Qualitäten jeweils hoch, aber verschieden und deshalb eventuell gerade nicht nachgefragt sind. Das führt dann zu Selbstwertkrisen, die nicht schnell genug ausbalanciert werden können, und die Beziehung geht schief.

Mir ist dieser Punkt, dass man für eine Beziehung Nachdenklichkeit und Zeit braucht, Zeit zu zweit findet, auch darüber hinaus sehr wichtig, vor allem unter dem Aspekt, dass Familie partnerschaftlich lebbar sein muss. Denn nach meinen Familienerfahrungen ist es sehr problematisch, wenn Eltern alles gut durchorganisieren, aber die Kinder spüren: Die sind sehr beschäftigt und außerdem haben sie keine Zeit füreinander, das heißt für die kleinen Dinge, wie mal zusammen ins Kino zu gehen und ins Restaurant. Oder auch mal eine Woche wegzufahren. Und das braucht man. Die Intimität braucht Zeit, um sich zu entwickeln. Eine Partnerschaft ohne die Ruhe zur Intimität kann nicht nachtanken und dauerhaft lebendig bleiben. Wir brauchen einen anderen Rhythmus in den Erwerbsbiografien, sodass beiden Partnern genügend Zeit bleibt, sich gemeinsam um ihre Kinder und um sich selbst zu kümmern.

Wie sollte dieser andere Rhythmus verlaufen?

Ich bin für eine systematische Entzerrung von Familienphase und Karrierehöhepunkt – nicht als Zwang, sondern als Angebot. Der Druck lastet schwer, dass man zwischen 25 und 45 Jahren alles geschafft haben muss, wenn man etwas darstellen will. Das ist angesichts unserer neuen Erwerbsbiografien völlig unsinnig, suggeriert auch eine ganz eindimensionale Vorstellung von Kreativität, über die angeblich nur junge Menschen verfügen. Da wir alle länger leben und ja auch länger arbeiten sollen, bin ich dafür, dass beide Elternteile die Möglichkeit haben zu arbeiten, aber ihre wirklich verantwortlichen Positionen erst ab Anfang, Mitte Fünfzig wahrnehmen. Sonst fällt der Karrierehöhepunkt unvermeidbar mit der Zeit zusammen, in der man sich um seine kleinen Kinder kümmert. Warum nicht zur Entlastung der biografischen Situation den Karrierehöhepunkt erst für den Zeitpunkt anstreben, wenn die Kinder schon größer sind und keine Rundum-Versorgung mehr brauchen?

Ist das nicht illusorisch?

Ich gebe zu, dass dieses Postulat der Entzerrung für viele vermutlich etwas phantastisch klingt. Man muss sich aber ganz klar vor Augen führen, dass es den vehementen Rufern nach jungem, geschmeidigem, leistungsfähigem, professionellem Nachwuchs in der Regel unwichtig ist, wie es dann später im Leben dieser Menschen und für die Gesellschaft als Ganzes weitergeht. Wir haben es nicht mehr nötig, alles immer früher und so jugendlich wie möglich erreicht haben zu müssen. Allen ist doch klar, dass wir immer älter werden, mit fünfzig oder gar sechzig noch nicht zum alten Eisen gehören und in diesem Alter nicht nur weiter lernen können, sondern zudem über ein Erfahrungswissen verfügen, das jugendlicher rascher Auffassungsgabe und Experimentierfreude durchaus ebenbürtig oder sogar überlegen sein kann. Sich mehr Zeit nehmen können ist nicht mehr ein Luxus, den sich nur einige wenige gönnen können, sondern Voraussetzung eines gelungenen Lebens, auf das die Gesellschaft als Ganzes ebenfalls angewiesen ist. Lauter unglückliche, gehetzte Menschen bilden keine gute Voraussetzung für eine stabile Demokratie. Es mag noch eine Weile dauern, bis das wirklich durchdringt. Aber wir haben in der Geschichte immer wieder Veränderungen in den Wertprioritäten erlebt.

Vertrauen ist in Ihrer politischen Theorie ein Schlüsselwort. Warum?

Vor allem wegen des Entlastungseffekts. Wo Vertrauen ist, reduziert sich die Komplexität, wird das Leben einfacher. Das hat Niklas Luhmann soziologisch sehr schön untersucht. Öffentliche Institutionen sind auf eine Mischung aus Vertrauen und Kontrolle, das heißt auch eine Portion Misstrauen oder zumindest Skepsis angewiesen, und alles kommt darauf an, dass diese

Mischung stimmt. In Nahbeziehungen dagegen hat Misstrauen keinen funktionalen Ort. Nahbeziehungen, die nicht auf Vertrauen gebaut sind, sind schnell ruiniert. Wer sich über Gebühr des anderen vergewissern, ihn gar kontrollieren möchte, setzt die Beziehung aufs Spiel, um die es ihm geht. Vertrauen ermöglicht Schwachsein, und ohne schwach sein zu können, ist eine starke Beziehung nicht zu haben. Es gibt sie nur als kostbares gegenseitiges Achtungsverhältnis: als Vertrauensverhältnis. Vertrauen hat viel mit dem Gefühl zu tun: Da glaubt jemand an mich.

Je höher das Alter, das man erreichen kann, desto richtiger wird offenbar der Satz: Man ist so alt, wie man sich fühlt. Wie fühlt sich Älterwerden für Sie persönlich an?

Als ich fünfzig wurde, hat mich einer meiner Neffen gefragt, ob ich mich jetzt schon richtig alt fühle. Damals dachte ich: Jetzt noch nicht, aber mit sechzig dann wahrscheinlich doch. Als Frau denkt man ja, dass spätestens dann die Schallgrenze erreicht ist. Jetzt bin ich Mitte sechzig und fühle mich viel besser als mit fünfzig. Seltsamerweise lebe ich mehr als vor zehn Jahren mit der Vorstellung, noch viel sinnvolle Zukunft vor mir zu haben. Beruflich und privat. Ich mache mir auch gar keine Gedanken darum, wie lange dieses

»Viel« an sinnvoller Zukunft noch dauern wird. Natürlich wünsche ich mir eine möglichst lange Zeit und dazu Gesundheit, damit ich die Dinge anpacken kann, an denen mir liegt. Diese Zeit sehe ich vor allem als Geschenk; aber auch ein bisschen als Ergebnis des Lebensstils, vielleicht auch der Disziplin, die man sich auferlegt. Allerdings lebe ich auch in einer glücklichen Konstellation. Mit einer fordernden, aber erfüllenden Tätigkeit ist alles leichter. Und persönliches Glück kommt dazu. Das beziehe ich auch darauf, dass bei uns zu Hause die Generationen miteinander im Gespräch sind. Seit Jahren pflegen wir zum Beispiel ein wöchentliches gemeinsames Sonntagsessen, das sogenannte family-dinner. Wir freuen uns alle darauf, kochen abwechselnd, berichten uns gegenseitig von den Erlebnissen der Woche und sprechen über das, was uns wichtig ist. Wir legen alle Wert auf diese regelmäßigen Zusammenkünfte und auf diese Tradition des Austauschs. Für mich lebt es sich auch deshalb gut im Alter, weil das Band zur jüngeren Generation geknüpft bleibt. Nichts davon versteht sich von selbst, nichts ist von gesicherter Dauer. Aber etwas daran lässt sich verallgemeinern. Vor allem die Voraussetzung, dass das Leben jenseits der sechzig eines mit Zukunft sein soll und sein kann, mit sinnvoller Zukunft.

Um mich herum leben Menschen, die ihr Berufsleben abgeschlossen haben und sich weiter ehrenamtlich engagieren. Ihre Lebens- und Berufserfahrung bringen sie auf wertvolle Weise ein. Das sind keine Einzelfälle, darin kommt ein Trend zum Ausdruck. Eine Koryphäe der Altenforschung wie Paul Baltes bestätigt, was sofort ins Auge fällt, wenn man Albrecht Dürers berühmtes Bild von seiner »Mutter« mit heutigen Frauen Anfang sechzig vergleicht. Dürers anrührende, steinalt wirkende Mutter war 63 Jahre alt, als ihr Sohn sie malte. Sechzigjährige – Frauen wie Männer – wirken dagegen heute wie Menschen in der Mitte ihres Lebens. Die Altenstudien zeigen die weit länger anhaltende Vitalität der Menschen im Vergleich zu früheren Jahrhunderten.

Wir können also mit weniger Befürchtungen ins Alter gehen als früher?

Ich denke ja. Wir müssen wegkommen von den gängigen Klagen über die alternden Gesellschaften – nicht nur in Deutschland, sondern überhaupt in Europa. Das Alter ist längst nicht mehr automatisch gleichzusetzen mit Plage und Pflege. Die Phasen haben sich um etwa zwanzig Jahre verschoben. Energie und Kreativität sind nicht mehr Privilegien der Jugend. Mit Ende zwanzig verfügt man wohl über eine erhebliche intellektuelle Beweglichkeit. Aber Lebens- und Berufserfahrung, die Fähigkeit, Fragen mit einem größeren

Abstand behandeln zu können, sind im zunehmenden Alter Ressourcen, die in einer vom Jugendlichkeitswahn bestimmten Wirtschaft zu lange ignoriert wurden. Sehr zum Nachteil der Wirtschaft selbst und des Familienlebens der Arbeitnehmer. Wir könnten in den Unternehmen langsamer und organischer Verantwortungsfunktionen übernehmen und sie auch wieder in Stufen abbauen. In Japan ist das ganz üblich. Wir brauchten dann vielleicht weniger therapeutische Behandlungen, um Burn-out-Syndrome oder Altersdepressionen zu kurieren. Aufgeschlossene Unternehmen und Gewerkschaften haben den Vorteil einer veränderten Karriereplanung bereits erkannt. Mehr Arbeitszufriedenheit und weniger Krankheit schlagen, wie gesagt, zu Buche. Man muss nicht, um den globalen Wettbewerb zu bestehen, die jungen Menschen zur sozial isolierenden Flexibilität verpflichten und als Dispositionsmaterial möglichst so lange aus- und abnutzen, bis sie nicht mehr profitabel sind. Man kann partnerschaftlich zu einvernehmlichen Regeln kommen, die ein gelungenes Leben ermöglichen. Wie geradezu existenziell wichtig das für das Gelingen partnerschaftlicher Familien ist – darüber haben wir ja schon gesprochen.

... über das Persönliche und das Politische

Sie sagen, die Demokratie müsse auch in den psychischen Befindlichkeiten der Bürger verankert werden. Überdehnen Sie da nicht den Demokratiebegriff, wenn Sie ihn so weit ins Private hineinholen wollen? Wird hier nicht das Persönliche politisiert? Verwischen Sie nicht die Grenze zwischen privat und öffentlich?

Die Grenze zwischen privat und öffentlich wird vielleicht in den Realityshows des deutschen Fernsehens verwischt, aber nicht von mir. Diese Grenze bleibt bestehen, auch wenn sie immer wieder neu ausgelotet werden muss. Klar ist allerdings, dass sich das Private vom Politischen, von der Ordnung der öffentlichen Angelegenheiten, nicht einfach trennen lässt. Jeder macht doch die Erfahrung, dass eine glückliche Zukunft nichts Privates und Zurückgezogenes sein kann, sondern auch das Öffentliche und Politische einschließt. Die Verhältnisbestimmung zwischen dem Persönlichen und dem Politischen gehorcht keinem Trennungsmodell. Weil falsche Politik auch das kleine private Glück zerstören kann, müssen wir uns in unserem eigenen Interesse persönlich für Freiheit, Gerechtigkeit und Solidarität einsetzen. Ich möchte in diesem Zusammenhang auf die psychischen Befindlichkeiten und geschichtlichen Erfahrungen der Bürger der Weimarer Republik verweisen und daran erinnern, dass Demokratie ohne Demokraten nicht zu haben ist. Das ist beinahe eine Binsenwahrheit, allerdings eine, die wir unbedingt wieder stärker zur Geltung bringen müssen. Statt über Politikverdrossenheit zu schimpfen, sollten wir mit der Wiedergewinnung des Politischen bei uns selbst beginnen. Das heißt, wir brauchen ein existenzielles Bürgerethos, das Politik nicht auf den Konflikt um Kilometerpauschale und Renteneintrittsalter reduziert, sondern als gelebten Einsatz fürs Gemeinwohl begreift. Wo man den Zusammenhang des Politischen mit dem Persönlichen aus den Augen verliert, da wird Demokratie kraftlos.

Nun sollte man doch denken, die Idee der Bürgergesellschaft sei nichts, wofür man noch auf die Barrikaden gehen müsste. Sie scheint doch fest etabliert. Warum spielt sie als Thema für Sie trotzdem diese wichtige Rolle?

Auf den ersten Blick herrscht beim Thema Bürgergesellschaft in Deutschland große Einigkeit: Politik kann
nicht alle anstehenden Probleme alleine lösen. Wir
brauchen mehr Bürgerengagement. Wir müssen uns
selbst in Bewegung setzen, wenn wir Bewegung in unser
Land bringen wollen. So oder so ähnlich lauten die gängigen Aufforderungen. Es verwundert angesichts dieser
Parolen, dass wir in Deutschland so vehement etwas
fordern, das eigentlich als Grundlage einer funktionie-
renden Demokratie selbstverständlich sein sollte. Aber
unter der Oberfläche hat die bürgergesellschaftliche
Einigkeit in unserem Land schnell ein Ende. Bürgergesellschaft und Bürgerengagement sind in Deutschland
eben noch keine Selbstverständlichkeiten. Weder historisch noch aktuell. Deshalb finde ich jeden Anlass
willkommen, um gute und nachahmenswerte Beispiele
bürgerschaftlichen Engagements vorzustellen. Der Begriff »Bürgergesellschaft« wirkt in der deutschen Sprache ja noch immer ein wenig künstlich. Man merkt
ihm die Übersetzung aus dem englischen »civil society«
an – trotz aller Bemühungen, ihn einzugemeinden.
Diese begriffliche Fremdheit hat viel zu tun mit histori-
schen Entwicklungen: Unser Verständnis von Bürger-
lichkeit schwankt zwischen »bourgeois« und »citoyen«,
zwischen ökonomischem und politischem Liberalis-
mus. Umgangssprachlich hat Bürgergesellschaft darum
gelegentlich auch den eher faden Beigeschmack von

Saturiertheit und Selbstzufriedenheit. Aber natürlich meinen und wollen wir das Gegenteil: eine Gesellschaft freier Bürger, die sich für und in ihrem Gemeinwesen politisch, sozial, kulturell engagieren.

Mit der jüngsten Finanzkrise ist, wir sprachen davon, dem Staat ein neues Gewicht zugewachsen. Verändert das auch unsere Vorstellungen von Bürgergesellschaft?

Der Bürgergesellschaft liegt der wichtige Gedanke zugrunde, dass nicht der Staat der Gesellschaft die Richtung vorgibt, sondern dass die Gesellschaft den Staat als ein Instrument begreift, um ihre Angelegenheiten zu regulieren. Diese Idee haben bereits die Vertragstheoretiker der Frühaufklärung formuliert – und sie ist nach wie vor richtig. Und nach meinem Verständnis ist auch heute weiter wichtig, diesem Vorrang der Gesellschaft gegenüber den eher etatistisch und von daher obrigkeitsstaatlich geprägten deutschen Denktraditionen Geltung zu verschaffen. Sie färben unsere Vorstellungen vom Staat, den wir brauchen – und zwar nicht nur zur Gewährleistung der nationalen Sicherheit, sondern auch in der physischen Daseinsvorsorge und in allen Fragen, in denen Belange des Gemeinwohls zu regeln sind. Der Staat bietet hier die robustesten Lösungen. Auch die europäischen Sozialstaatsmodelle haben den Staat stets als Instrument der Gesellschaft begriffen und sind nicht zuletzt deshalb immer ein besonderer Garant für gesellschaftliche Solidarität geblieben. Also, es geht nicht um Zivilgesellschaft statt Staat, sondern um ein kooperatives Miteinander verschiedener Formen gesellschaftlicher Regulierung, in dem der Staat – beziehungsweise überstaatliche politisch legitimierte Gemeinwesen – etwa für dauerhafte gesetzliche Regelungen eine Rolle behält. Dieser Gedanke ist mir wichtig. Allzu oft wird der Diskurs um eine Bürgergesellschaft nämlich auch missbraucht, um staatliches Handeln zu delegitimieren. Das ist ein politisch-ideologischer Irrweg, der zurückführt zu einem verkürzten Staatsverständnis, das wir schon im Zuge der Aufklärung hinter uns gelassen haben.

Erlebt Karl Marx als Zeitdiagnostiker gerade einen weiteren Frühling?

Auch wenn Marx in seiner Analyse von Kapitalismus und bürgerlicher Gesellschaft vieles richtiger gesehen hat, als wir in den letzten fünfzig Jahren angenommen haben, so bleibt doch wahr, dass seine politische Strategie, über die proletarische Revolution zur klassen- und staatlosen Gesellschaft und zur totalen Befreiung zu gelangen, ein Irrweg war, und ein gefährlicher dazu. Von vielleicht vorsätzlicher Blindheit zeugt beides: einerseits die in der kapitalistischen Produktionsweise angelegten zerstörerischen Potenziale zu leugnen, die den Zusammenhalt eines demokratischen, freiheitlichen Gemeinwesens immer wieder bedrohen; aber auch andererseits den Bürgern definitiv die Fähigkeit abzusprechen, das Spannungsverhältnis zwischen Privatinteresse und Gemeinwohl in eine zuträgliche und fruchtbare Balance zu bringen. Diese zweite Blindheit übersieht nicht nur, dass uns endgültige Lösungen bisher nie gelungen sind, sondern auch, dass unsere Interessen und Potenziale viel komplexer sind, als eine vornehmlich ökonomische oder marxistisch-materialistische Betrachtungsweise dies auszumachen erlaubt. Wenn wir nur an Strukturen und Prozesse bis in die Zukunft hinein und nicht auch an die Menschen hier und jetzt glauben – das Wort »glauben« ist absichtlich gewählt –, können wir die Demokratie, erst recht die soziale Demokratie aufgeben. Die angelsächsische, westlich-demokratische Tradition war nie so pessimistisch und apodiktisch, sie war immer viel weniger philosophisch-systematisch, setzte stattdessen und bis heute mehr auf das Überraschungspotenzial von Erfahrungen. Tocqueville hat das in seiner Beobachtung der amerikanischen Demokratie prägnant hervorgehoben. Ohne diese wagemutige Zuversicht, doch immer wieder einen gangbaren Weg »dazwischen« zu finden, den individuellen Freiheitsambitionen wie der Gemeinwohlorientierung in einer Bürgergesellschaft genügend

Wirkkraft zuzusprechen, ist es sinnlos, über die Zukunftsträchtigkeit der sozialen Demokratie nachzudenken. Prominente Sozialdemokraten haben das schon früh erkannt, wie überhaupt die Sozialdemokratie insbesondere vor und nach dem Ersten Weltkrieg die am meisten westlich orientierte politische Kraft in Deutschland war, von einer kleinen Gruppe Liberaler vor allem in der Deutschen Demokratischen Partei vielleicht abgesehen.

Aus welchen Traditionen schöpfen wir also, wenn wir heute gehaltvoll von der Bürgergesellschaft sprechen wollen? Mit welchen neuen Herausforderungen müssen wir sie konfrontieren? Wie müssen wir sie fortentwickeln, um diesen Herausforderungen gerecht zu werden?

Um es gleich vorweg zu sagen: Meine Antworten – immer nur Versuche! – werden erneut in der für manche vielleicht in diesem Zusammenhang verwunderlichen Forderung nach einer Politik münden, die die Förderung einer neuen Familie ins Zentrum ihrer Bemühungen um die Bürgergesellschaft und eine zukunftsträchtige soziale Demokratie stellt. Sie ist eben aus verschiedenen Perspektiven eine geradezu zentrale »Schaltstelle« für eine freiheitliche und soziale Demokratie.

Freiheit, Gleichheit, Selbstständigkeit – diese drei Begriffe wird man wohl auf jeden Fall mit der Bürgergesellschaft assoziieren, wenn man sie im Kontext politischer Orientierungen betrachtet. Allerdings treffen unter diesem gemeinsamen Dach durchaus gegensätzliche Traditionsstränge aufeinander, die sich auch im seit Jahren andauernden und von den Vereinigten Staaten ausgehenden Streit zwischen Liberalen und Kommunitaristen herausschälen. Der eine Strang hat sein Zentrum in der Hochschätzung individueller Freiheit beziehungsweise Autonomie, der andere, häufig als Republikanismus bezeichnete, in der Forderung nach Pflicht und Gemeinwohlbezogenheit des Individuums. Sie scheinen auf den ersten Blick scharf entgegengesetzt zu sein. Nicht nur, weil die Kommunitaristen den Liberalen in der aktuellen Diskussion vorwerfen, eine Gesellschaft des desintegrierenden, ja destruktiven Egoismus zu legitimieren, in der die Freiheit nur noch in pervertierter Form erscheint und ihre moralische Qualität völlig verloren hat, weil die Individuen sie ohne Verantwortungssinn als private Beliebigkeit praktizierten. Sondern auch, weil es in der Tat – selbst wenn man diese Vorwürfe beiseitelässt – für die Verbindung von Freiheit und Gleichheit, dem Herzstück bürgerlicher Demokratie, idealtypisch zwei durchaus unterschiedliche Vorstellungen gibt, die auf erhebliche Differenzen im Menschenbild zurückgehen.

Worin liegen diese Differenzen?

Beide Positionen gehen von einer Reihe gemeinsamer Grundannahmen aus: Danach sind alle Menschen frei und gleich geboren und haben das gleiche Recht auf Selbstbestimmung, den gleichen Anspruch, ihr Leben in der Gesellschaft, und gerade in ihr, nach eigenen Zielen zu regeln. Bürger sind individuelle Rechtsträger, aber eben in einem Gemeinwesen, in dem alle diese Rechte teilen. Aus der damit benannten Gleichheit ergeben sich Pflichten. Dies wird von keiner demokratischen – republikanischen oder liberalen – Position bestritten. Aber wie weit die Pflichten gehen und wie ihre Erfüllung zu erreichen ist – darum geht im Kern der Streit. Ist es nur verboten, die anderen zu schädigen, oder muss man sich auch um sie kümmern? Und vor allem: Kommt man zur Gemeinwohlbezogenheit nur durch harte Selbstdisziplin, die die eigenen, spontan immer egoistischen Impulse unterdrückt, oder umgekehrt eher durch die Förderung sozialer Anlagen, die uns Menschen ebenfalls eigen sind? Dieser Streit spielt sich zwischen einem skeptischen, aber doch vorsichtig optimistischen und einem pessimistischen Menschenbild ab.

In wirtschaftlich harten Zeiten wie der unseren wird die Bürgergesellschaft gern als Schicksalsgemeinschaft

nach dem Modell Sparta interpretiert: Was uns nicht umbringt, macht uns hart. »Härte dich« – ist das die Losung für die politische Kultur von morgen?

Ich beobachte diesen neuen Diskurs der Härte mit Sorge, weil er bei näherem Hinsehen eine Regression des Politischen bedeutet. Da schießen mehrere ideengeschichtliche Motive zusammen. Die republikanische Tradition vertritt das pessimistische Motiv und wird derzeit nicht nur in den Vereinigten Staaten von vielen Konservativen oder tief enttäuschten Liberalen ausdrücklich oder implizit propagiert. Wenn sie erneut Bürgertugenden und insbesondere die Rückbesinnung auf den Wert der Familie (»family values«) fordern, dann greifen sie theoriegeschichtlich tatsächlich auf das antike Sparta zurück. Sie beklagen den Werteverfall, den aktuellen Hedonismus vornehmlich der Jugend, aber auch der angeblich auf ihre Selbstverwirklichung fixierten Frauen. Zügellosigkeit, Egoismus, Pflichtvergessenheit, Luxus, Genusssucht sind die Hauptgegner, gegen die mit Härte und Entschlossenheit zugunsten des Gemeinwohls angegangen werden müsse. Kargheit oder zumindest Genügsamkeit müssen in dieser Sicht durch strenge Erziehung und Gewohnheit zur zweiten Natur werden. In dieser Tradition ist auch ein andauernder Friede, der – wie es heißt – Verweichlichung begünstigt, der Demokratie gar nicht dienlich. Insgesamt setzen die republikanischen Tugenden auf Unterdrückung: der eigenen bösen Triebe, der Versuchungen von außen und innen. Freudig stellt man sich diese Bürger und ihre Gesellschaft nicht vor. Das Streben nach Glück ist ihnen verdächtig und sollte allenfalls sublimiert erlaubt sein. Der repressive Grundzug dieses Konzepts von Bürgergesellschaft schlägt sich auch in deren Strukturvorstellungen nieder. Generell setzt es etwa hinsichtlich der Familie oder des Staatsbürgerrechts nicht auf freiwillige Anerkennung, Gegenseitigkeit und Partnerschaftlichkeit, auch nicht auf positive, letztlich verbindende Auswirkungen von Konflikten, die dann zum »täglich Brot« gehören, sondern auf strukturell klare, möglichst hierarchische Kompetenzverteilung, nach der eindeutig entschieden werden kann – in der Regel war es in dieser Sicht »früher« besser.

Was zeichnet demgegenüber das liberale Politikverständnis aus?

Der liberale Traditionsstrang folgt nicht einfach einem konträr optimistischen, sondern einem skeptischen Menschenbild. Die Gefährdung und Endlichkeit der Menschen übersieht er nicht, aber er räumt ihren sozialen, freundlichen Impulsen größere Chancen ein. Sein »Urvater« John Locke betont darüber hinaus ausdrücklich, dass das »natürliche Gesetz« dem Menschen nicht nur die eigene Selbsterhaltung vorschreibt, sondern auch die der ganzen Menschheit (»mankind«), sofern das der eigenen nicht entgegensteht. »Alle Menschen nämlich sind das Werk eines einzigen allmächtigen und unendlich weisen Schöpfers«, führt Locke als Grund dafür an. Das gleiche Recht auf Freiheit heißt nicht völlige Autonomie, heißt nicht Zügellosigkeit. Lockes Nachfolger in dieser Tradition, Montesquieu, verweist auf die Spontaneität von Furcht wie von Freude, wenn die Menschen einander begegnen. Sie haben nicht nur Angst voreinander, sondern fühlen sich auch gegenseitig voneinander angezogen. Freilich, das sollte man nicht bagatellisieren, liegt der Hauptakzent dieses Bürgerverständnisses auf dem individuellen Freiraum und auf dem »negativen« Verbot zu schädigen, nicht auf dem »positiven« Gebot, zu helfen oder sich zu kümmern. Und nicht nur aufgrund der kapitalistischen Wirtschaftsweise, die auf der Verfolgung von Privatinteressen und der Instrumentalisierung von Menschen beruht, sondern auch wegen dieses ideell individualistischen Akzents bereitet es einer libertären – nicht liberalen! – Einstellung den Boden, die die Mäßigung des Privatinteresses (nicht zuletzt durch den Staat) und die Gemeinwohlorientierung aus dem Auge verliert. Sie führt zu einer Gesellschaft, die Hobbes' »Krieg aller gegen alle« ähnlicher sieht als Lockes auch die Menschheit erhaltender Bürgergesellschaft.

Überdies baut dieses liberale Bürgerverständnis auf eine eher eng rational begriffene natürliche Vernunft, die auf die argumentative Ermittlung von Gerechtigkeit und Gemeinwohl zielt und andere »Antennen« fairer Verständigung weniger beansprucht – allerdings keineswegs negiert, wie Adam Smiths *Theorie der ethischen Gefühle* belegt.

Ausgerechnet nach dem Untergang des Kommunismus gerät die überlebende Demokratie ihrerseits häufiger in Krisen. Wie ist diese zunehmende Hilflosigkeit demokratischer Politik zu erklären?

Da ist zunächst die Vergrößerung politischer Räume – von regionalen Zusammenschlüssen bis zur Globalisierung der Wirtschaft –, die immer mehr Interessenkomplexe, soziale Gruppen, kulturelle Traditionen, ökonomische Verflechtungen umgreift und auf diese Weise das Konfliktpotenzial und die Komplexität der wechselseitigen Zusammenhänge steigert. Unterschiedliche Kulturen, ethnische und nationale Traditionen treffen inmitten der großen Migrationsbewegungen aufeinander, die nationalen Gesellschaften werden uneinheitlicher in ihren Leitbildern, ihren Erfahrungen und Zugehörigkeitsgefühlen, in ihren Träumen und Ängsten. Die Massenarbeitslosigkeit verschärft dieses Konfliktpotenzial ebenso wie allseits vollzogene oder anstehende Rücknahmen wohlfahrtsstaatlicher Absicherungen.

Die Großräumigkeit hat als Reaktion eine Rückwendung auf begrenzte Räume, auf ethnische Wurzeln, auf Gruppen und Teile der Gesellschaft im Gefolge, die zuweilen in Ghettoisierung und Selbstghettoisierung münden. Wir haben mehr Konflikte, eine wachsende Unsicherheit. Die Bürger fühlen sich nicht mehr eingebettet, sondern entwurzelt. Sie entwickeln Ängste und Aggressionen, und auch Unsicherheit gegenüber Informationen, die für einigermaßen solide politische Entscheidungen vonnöten sind. Die Größe der Welt, in der der Einzelne wie die Politik handelt, macht es immer schwerer, für unser Urteil auf eigene Erfahrungen zurückzugreifen.

Während Konflikte und Unsicherheiten zunehmen, wachsen die Anforderungen an den demokratischen Staat, Lösungen durchzusetzen. Und der ist – im Gegenteil – dazu immer weniger in der Lage.

Ich finde es nicht übertrieben, in diesem Zusammenhang von einer Strukturkrise zu sprechen. Die Handlungsspielräume demokratischer Politik werden wegen der Komplexität der Regelungen, auch derer, auf denen sie aufbauen müsste, und wegen der gegenseitigen Abschottung und Uneinsichtigkeit organisierter Interessen immer enger. Demokratische Politik erleidet einen »Souveränitätsverlust« und kann sich immer weniger durchsetzen. Die politischen Institutionen werden schwächer und verlieren dadurch an Vertrauen. Die Menschen werden einerseits immer abhängiger von wohlfahrtsstaatlichen Maßnahmen und andererseits vom Staat immer mehr – und aus einsichtigen Gründen – enttäuscht.

Soweit die Diagnose. Wo muss die Therapie ansetzen?

Die Hoffnung, die demokratische Teilhabe durch Formen der direkten Demokratie auszuweiten, immer mehr Bürger an politischen Entscheidungen mitwirken zu lassen, sie dadurch zu mobilisieren und ihre Kompetenz zu steigern, das hat sich in dieser Form nicht bestätigt. Diese Strategie, durch die Veränderung von Strukturen und Institutionen die Demokratie lebendiger zu gestalten, zu stärken und zu stabilisieren, scheint gegenwärtig ausgereizt. Offenbar müssen wir mehr auf das Verhalten in den politischen Prozessen, auf den Stil der Politik achten. Vielleicht bietet dessen Veränderung mehr Chancen als neue Institutionen.

Die traditionelle Alternative zu besseren Institutionen heißt: bessere Bürger. Aber reicht das bisher skizzierte Bürgerkonzept aus, den Konfliktpotenzialen, Unüber-

sichtlichkeiten und Enttäuschungen durch staatliche Politik die Stirn zu bieten, ohne auf autoritäre Lösungen zu verfallen?

Skepsis ist angebracht, nicht nur, weil das traditionelle Bürgerkonzept die inzwischen vielfach beklagten Defizite bisher nicht hat verhindern können. Überdies haben aber individual- wie sozialpsychologische Forschungen gezeigt, dass politische Bürgerschaft nicht einfach kognitiv gelernt, nicht einfach antrainiert werden kann, sondern einer psychischen Verankerung bedarf, die erst die Energie vermittelt, so zu handeln, wie es wünschenswert wäre. Diese Bürgerschaft erfordert psychische Dispositionen – insbesondere Selbst- und Fremdvertrauen, Offenheit, Ich-Stärke –, die wir vor allem in unseren frühen Sozialisationserfahrungen gewinnen oder verlieren und die ihre Bestätigung im Alltag brauchen. Wir brauchen Antennen feiner Verständigung.

Kann man also die Prophezeiung wagen, dass die Zukunft weiblich ist?

Es sieht wirklich so aus, als seien damit Kompetenzen angesprochen, die eher weiblicher als männlicher Sozialisation entspringen. Und in der Tat scheint mir die Verbindung des auf Rationalität und Unabhängigkeit konzentrierten politischen Freiheitsverständnisses, das eher Männern zugesprochen wird, mit dem bindungsorientierten und emotionale Empathie einbringenden, was häufig weiblich assoziiert wird, als überaus wichtig und zukunftsträchtig. Damit weise ich zugleich eine geschlechtsspezifische Fixierung dieser Kompetenzen ab. Und Montesquieu wusste, dass politische Freiheit der psychischen Sicherheit bedarf, die er zu seiner Zeit beim Kampf gegen feudale Willkür von der Gewaltenteilung erwartete. Deren Gefährdung ist heute jedoch weit komplexer. Persönliche wie ideelle Bindungen schränken daher, zumal in der umfassenden Verunsicherung der Moderne, nicht einfach Freiheit als Unabhängigkeit ein, sondern bieten umgekehrt zuallererst die Ruhe, sich zielgerichtet und zugleich aufgeschlossen in die demokratische Auseinandersetzung und Kooperation zu wagen und so politische Freiheit in der Bürgergesellschaft zu praktizieren.

Man kann das auch missverstehen, als ginge es um Gesellschaftstechnologie am Reißbrett. Worum geht es Ihnen?

Mir geht es um eine Bürgergesellschaft, die den Staat von überfordernden Aufgaben entlastet, die unnötige Reibungsverluste – soziale Transaktionskosten, wie man so schön fachmännisch zu sagen pflegt – durch vertrauensvolle Kooperation vermeidet; um eine Bürgerschaft, die sich kümmert und verständigt, nicht dauernd zum Gericht rennt, nicht immer nur anfragt oder erwartet, sondern einfach selbst handelt – eine solche Gesellschaft braucht Bürgerinnen und Bürger, die selbstsicher, offen, vertrauend wie kontrollierend, unabhängig wie bindungsfähig, rational argumentierend wie empathisch sind. Wie bekommen wir die? Welche Hindernisse stehen ihnen entgegen? Natürlich viele! Allgemeine moderne Hindernisse liegen in der Auflösung jener Orte und Institutionen, die traditionell Gesellschaften zusammengehalten und psychische Verankerung vermittelt haben: der Familie und der auch räumlichen, sinnlichen Arbeitszusammenhänge. Spürbare konkrete gegenseitige Anerkennungen, Abhängigkeiten und Wechselwirkungen, die ein wohlverstandenes Eigeninteresse an der Rücksichtnahme auf andere und den Verantwortungssinn für größere Zusammenhänge begünstigen könnten, nehmen ab.

Auch eine freiheitliche Sozial-, Familien- und Rechtspolitik wollte das durchaus so, denn die Kehrseite traditioneller Abhängigkeiten waren oft entwürdigende Beziehungen. Wo man auf Familienmitglieder unentrinnbar angewiesen ist, wo man kein Recht auf »Austritt« hat, ist man häufig schwach und unwürdig ausgesetzt. Eine gemeinwohlorientierte Bürgergesellschaft kann daher auch nicht einfach alte Bindungen reaktivieren, sondern muss dem Prinzip gleicher Freiheit treu bleiben, muss freiwillig einen Zusammenhalt schaffen, der früher durch die Verhältnisse nicht nur erleichtert, sondern oft erzwungen wurde, dabei aber eben auch vielfache Ungerechtigkeiten erzeugte.

Was bedeuten diese Veränderungen?

Mit der Erosion der Familie und dauerhafter Arbeitsverhältnisse verschärft sich die Frage: Wo können wir die neuen Bürgertugenden üben und erleben? Ich möchte die Frage auf den spezifisch deutschen Kontext beziehen und vertiefen: Wie gewinnen wir speziell in Deutschland jenes ruhige Selbstvertrauen, jene auf eine Gefühlskultur angewiesene Empathie, jene Ich-Stärke? Wir, die wir doch eine Vergangenheit vielfacher Regimebrüche, komplizierter Verstrickungen in Verbrechen, Verrat und Verlogenheiten hinter uns haben, die wir zwar durch Fleiß, Tüchtigkeit, Pflichtbewusstsein und materiellen Wohlstand gleichsam »abgehängt«, aber psychisch noch lange nicht zugunsten einer offenen Selbstprüfung, einer solidarischen Versöhnlichkeit, eines ruhigen neuen Selbstvertrauens und empathischer Gemeinsamkeit verarbeitet und überwunden haben.

Noch immer sind bei uns genaues Hinhören auf die andere Person oder gemeinsames Lernen nicht besonders gefragt, schon gar nicht die Regel, sondern eher das Rechtbehalten. Veränderungen oder Korrekturen früherer Positionen, die Absage an Vergangenes münden nicht in Zweifel oder wohlwollend prüfende oder skeptische Offenheit gegenüber abweichenden Haltungen, sondern in erneute Abgrenzung und sture Einsortierung. Darin kommt ein Misstrauen gegenüber anderen und sich selbst zum Ausdruck, weil offenbar nur die radikale Absage gegenüber anderen Meinungen die Richtigkeit der eigenen Position zu sichern vermag. Oder man lässt sich gar nicht erst auf Neues ein, um nicht völlig den Kompass oder die Selbstachtung zu verlieren. Im Ergebnis führt das beide Male nicht zu einer offenen Bürgergesellschaft, in der wir erst einmal neugierig erfahren möchten, was andere eigentlich meinen, sondern zu einer verfestigten Einsortierungs-Gesellschaft, die einer vertrauensvollen Kooperation entgegensteht.

Wenn Sie von spezifisch deutschen Hindernissen für die Bürgergesellschaft sprechen, dann klingt das so, als schwinge da die Vorstellung von einem Nationalcharakter mit.

Ich rede keinem spezifischen Nationalcharakter das Wort, aber es gibt doch geschichtlich entstandene nationale Dispositionen, die allerdings mit der zunehmenden Vielfalt der Herkünfte in unserer Gesellschaft uneinheitlicher werden. Angesichts von Nationalsozialismus und Kommunismus und der damit häufig einhergehenden biografischen Brüche liegt es für viele nahe, die Rekonstruktion des Lebenszusammenhangs, der persönlichen Identität als biografischer Kohärenz aufzugeben oder gar nicht erst zu versuchen. Würde man das doch tun, würde man individuell wie gegenseitig das vergangene Verhalten redlich prüfen und ein Verständnis für die Motive von Fehlhandlungen gewinnen. Dann müsste man nicht mehr Angst haben vor sich selbst, vor der eigenen Vergangenheit, auch nicht vor den anderen. Man könnte Meinungsverschiedenheiten gelassener, ohne Rechthaberei und mit dem Vertrauen auf einen Grundkonsens begegnen, der eine Einigung im Einzelnen erlaubt.

Stattdessen erleben wir aber heute in Deutschland eher, dass die eigene Biografie wie die Mitmenschen und die gesellschaftlichen Gruppierungen um uns herum in getrennte Schubladen gepackt werden, deren Inhalte nichts Gemeinsames verbindet. Einst und heute, Irrtümer und Einsichten, konservativ und links verbindet dann nichts mehr. Man kann eine Schublade nur öffnen, wenn man die andere geschlossen hat. Und es ist auch nicht ratsam, frühere Schubladen zu öffnen, weil darin Gefährliches lauern kann, bei sich selbst und bei den anderen.

Außerdem muss man dauernd befürchten, seinerseits von anderen einsortiert zu werden. Das ermutigt nicht gerade dazu, sich zu öffnen, auf andere zuzugehen, auf ihre Kooperation zu setzen, sondern legt nahe, sich zurückzuziehen. So wird ein Habitus von Identitätsbrüchen, der jeder Verlässlichkeit entgegensteht, befördert, der Unsicherheit, Angst, Misstrauen, Abschottung und Unterstellung auf der einen, Rechthaberei auf der anderen Seite nährt. Keine gute Voraussetzung für eine Bürgergesellschaft, sollte man meinen.

In Ihrem Buch *Politik und Schuld* analysieren Sie die totalitäre Hypothek als Hindernis für die Bürgergesellschaft und machen Vorschläge, wie sich den Erosionstendenzen moderner Gesellschaften Einhalt gebieten lässt. Welche politischen Forderungen lassen sich daraus ableiten?

Um mit unserer Vergangenheit zurande zu kommen, sind wir zum Einen auf die Rechtsprechung angewiesen, wenn nicht ein zu tiefer Graben zwischen der Demokratie und fundamentalen Rechtsgütern entstehen soll. Aber wir wissen alle, dass die juristische Dimension das Problem nicht ausschöpft. Am meisten schmerzt in diesem Zusammenhang die betrübliche Einsicht, dass der Rechtsstaat sich zwar auch um materielle Gerechtigkeit kümmern muss, dass er aber vornehmlich die Rechtssicherheit der Bürger garantieren soll, und das geht eben aus mancherlei unvermeidlichen Gründen oft zuungunsten intuitiver Moral- und Gerechtigkeitsvorstellungen aus, so plausibel die ihrerseits sind. Man hat das Wort der DDR-Bürgerrechtlerin Bärbel Bohley im Ohr, die nach der Wiedervereinigung nicht ohne Bitternis sagte: Wir wollten Gerechtigkeit und bekamen den Rechtsstaat. Wahrheitskommissionen, wie sie in Südafrika ausprobiert wurden, haben gegenüber Rechtsprozessen den Vorteil, auf Freiwilligkeit zu beruhen und eine Begegnung von Opfern und Tätern zu begünstigen.

Es gibt eine andere Hypothek für die Bürgergesellschaft, und das ist die Auszehrung des Mittelstands durch die bedrohten Arbeitsplätze.

Zum Komplex Arbeit möchte ich hier nur auf einen Aspekt verweisen: In Arbeitszusammenhängen zu leben, ist nicht nur wichtig für die materielle Unabhängigkeit, für das Gefühl, gebraucht – nicht benutzt! – zu werden, der Gesellschaft einen wertvollen Beitrag zu leisten und ein sinnvolles Leben zu führen. Wir brauchen Arbeit, um persönliche Beziehungen zu knüpfen und um Selbstsicherheit, ein gelungenes Selbstwertgefühl und individuelle Zufriedenheit zu gewinnen. Damit ist Arbeit auch eine entscheidende Voraussetzung dafür, eine tragfähige aktive Bürgergesellschaft am

Leben zu erhalten. Resignierte, unsichere Menschen haben es schwer, als Bürger zu handeln. Wenn wir den Wert und die Nützlichkeit von Arbeit über die Markthonorierung hinaus gemeinsam politisch neu bestimmen, wenn wir die traditionelle Erwerbsarbeit neu verteilen und bisher als »privat« de facto abgewertete Arbeit höher schätzen lernen müssen, dann können wir auch zu unerwartet neuen Horizonten für das andere Problem der Moderne, die Erosion der Familie, vordringen.

Manche assoziieren mit dem Wort Familie abscheuliche Zwänge, patriarchale Unterdrückung, mütterliches Kuschen, Verstaubtheit, Heuchelei, Enge.

Alles das gibt es zuhauf. Und doch halte ich an dem Begriff Familie fest und meine damit den Ort, an dem entscheidende Weichenstellungen in der Generationenabfolge geschehen und an dem, wenn sie gelingt, die besten Chancen für eine Sozialisation zum Bürger bestehen. Sie gelingt, wenn Paare liebevoll, zuverlässig und partnerschaftlich miteinander umgehen und sich gemeinsam ebenso um die Kinder kümmern, mit ihnen zu einer partnerschaftlichen Gemeinschaft heranwachsen. Ich weiß, dass das vielen wie eine Idylle klingen wird, dass überdies heute die Zahl der Alleinerziehenden unaufhörlich wächst. Mir liegt fern, die damit verbundene Last zu unterschätzen, zumal ich selbst jahrelang meine Kinder allein erziehen musste – oder das zumindest versucht habe. Aber eben deshalb sind mir auch die herben Belastungen, die diese Konstellation für Kinder und Erwachsene einschließt, vertraut. Und so richtig es vielfach ist, unerträglichen Zerwürfnissen durch Trennung zu entgehen, so unumgänglich auch in der Regel, nach dem Verlust des Partners die Aufgabe eben allein weiterzuführen – so wenig leuchtet mir ein, dass wir deshalb die Probleme, die daraus erwachsen, herunterspielen oder die gute Alternative einer gelingenden Familie definitiv aufgeben sollten. Freilich können wir sie nicht erzwingen, und wir wollen sie nicht gegen die Freiheits- und Gleichheitserrungenschaften der Moderne realisieren, die eben ganz neue Familienstrukturen – im Wesentlichen partnerschaftliche, freiwillig und gemeinsam beschlossene – erheischen. Wir können und dürfen auch nicht politisch regeln, was der persönlichen privaten Entscheidung überlassen bleiben muss.

Aber wir können politisch die Rahmenbedingungen so ändern, dass der auch statistisch durchaus belegte Wunsch, zu stabileren und bergenden Familien zu finden, nicht in dem Maß auf unüberwindliche Hindernisse in den äußeren Lebensumständen stößt, sondern sich leichter verwirklichen lässt. Dazu gehören tief greifende materielle und ideelle Veränderungen.

Verändert nicht jeder neue Globalisierungsschub das Verhältnis von Staat und Gesellschaft?

Die Akzente verschieben sich permanent. Wir selbst müssen entscheiden, welche Bereiche wir durch den Staat regeln lassen beziehungsweise für welche wir neue Formen auch zivilgesellschaftlicher Organisation finden können, um den Staat zu entlasten. Das Ziel muss sein, eine vernünftige Balance zwischen Staatshandeln und Gesellschaftshandeln zu schaffen, die der Gesellschaft den Raum zur Selbstorganisation gibt, gleichzeitig aber den Staat als den wichtigsten Akteur der Gesamtgesellschaft nicht aus seiner Verantwortung entlässt. Dazu müssen wir uns die Staatsaufgaben genau ansehen und uns auf die Bereiche konzentrieren, in denen der Staat wirklich die beste Lösung schafft. Wo Gesellschaft eigenständig besser agieren kann, da sollte der Staat nicht eingreifen.

Wie muss staatliches Handeln ergänzt werden, um den Aufgaben der Regulierung gewachsen zu sein?

Kein Zweifel, dass der Nationalstaat die ihm ursprünglich zugedachten Aufgaben zunehmend nicht mehr alleine lösen kann. Er gerät immer stärker von außen unter Druck. Dies gilt insbesondere für die Prozesse der Globalisierung, durch die ökonomisches Handeln längst und immer weiter die Grenzen des Staates und des Kontinents überschreitet und sich folglich der Regulierung durch staatliches Handeln immer mehr entzieht. In diesem Bereich, aber eben nicht nur hier, stehen wir vor der Aufgabe, neue Regierungsstrukturen zu gewährleisten, durch die politische Ansprüche nach wie vor artikulier- und vor allem auch durchsetzbar bleiben. Es gilt, den Gestaltungsanspruch der Politik gegenüber den vermeintlichen Zwängen der Ökonomie zu behaupten. Dies haben offensichtlich die engagierten Bürger eher erkannt als viele politische Parteien und Verbände. Die sogenannten Nicht-Regierungs-Organisationen sind heute nicht nur transnationaler in ihren Inhalten, sondern auch effektiver in der Organisation der Kooperation und der Ausrichtung auf inter-gouvernementale Entscheidungsprozesse und Gremien. Auch innergesellschaftlich, vor allem was Fragen der demografischen Entwicklung oder des sozialen Ausgleichs angeht, können Verbände und Vereine vieles bewegen, hier kann bürgergesellschaftliche Solidarität dazu beitragen, die Schwierigkeiten aller westeuropäischen Gesellschaften und Regierungen bei der Bewältigung der Globalisierungsfolgen abzumildern. Aber natürlich nicht dadurch, dass man nur versucht, möglichst viel des Erreichten festzuhalten, sondern dadurch, dass man sich beteiligt an der Suche nach neuen Wegen, wie die notwendige Flexibilität und Wettbewerbsfähigkeit mit der ebenso notwendigen individuellen Sicherheit für ein Leben frei von Not und in Würde verknüpft werden können.

Dieses Mitdenken, Mitreden und Mittun der Bürger brauchen wir, wenn wir die schwierigen Reformen erfolgreich machen wollen, wenn wir Vertrauen gewinnen wollen.

Der Appell zu mehr Eigenverantwortung wird aber politisch oft instrumentalisiert, um den Staat von seiner Verantwortung zu entlasten. Ist der Begriff der Eigenverantwortung diskreditiert?

Nein. Richtig am Appell zu mehr Eigenverantwortung ist doch, dass wir alle überlegen sollten, wie wir mit eigenem Verhalten dazu beitragen können, die Solidargemeinschaft zu entlasten, sie in jedem Falle aber nicht überzustrapazieren. »Trittbrettfahren« mag nach der Theorie mancher Ökonomen ein rationales Verhalten sein, sozial verantwortlich und am Gemeinwohl orientiert ist es sicher nicht. Darauf hinzuweisen ist berechtigt. Auch wenn manche der genannten Missbräuche des Sozialstaats sich auf stark überzeichnete Einzelfälle beziehen. Aber Eigenverantwortung kann zum Beispiel nicht dafür herhalten, die Verlagerung von Arbeitsplätzen allein auf zu hohe Arbeitskosten zurückzuführen und generell unbezahlte Mehrarbeit zu fordern. Für die Verlagerung von Arbeitsplätzen gibt es vielfältige Gründe, nicht zuletzt geht es um Erschließung neuer, zusätzlicher Marktchancen und um Marktnähe. Und auf diese komplexen Vorgänge mit der Forderung nach einem niedrigeren Lohnniveau zu antworten, mag im Einzelfall kurzfristig Arbeitsplätze erhalten, ist aber als volkswirtschaftliche Strategie nicht Erfolg versprechend. Denn wo sollte ein solcher Wettbewerb nach unten, das »race to the bottom«, enden?

Welche Richtung sollte stattdessen eingeschlagen werden?

Richtiger scheint mir, auf Innovation, auf die Umsetzung von Wissen und Ideen in neue Produkte, Dienstleistungen und Produktionsverfahren zu setzen. Das war immer unsere Stärke und sollte sie auch wieder werden. Auf dieser Grundlage können auch Freiheit und Gerechtigkeit, die zentralen Ziele in unserer Gesellschaft, miteinander vereinbart werden. Dafür brauchen wir staatliche Regeln, die Prioritäten begünstigen, über die Einhaltung des fairen Wettbewerbs hinaus. Aber hinzukommen muss die vertrauensvolle Solidarität zwischen den Bürgerinnen und Bürgern. Wir müssen den Gemeinsinn stärken, wenn wir verhindern wollen, dass unsere Gesellschaft angesichts der kommenden Herausforderungen auseinanderbricht. Staatlich verordnen lässt sich so etwas nicht.

Das Besondere an der Ressource Solidarität ist ja gerade, dass sie sich aus sich selbst heraus entwickeln muss. Also müssen wir Freiräume materieller wie ideeller Art schaffen, die Voraussetzung dafür sind, dass sich Gemeinsinn entfalten kann. Es wäre daher ein Fehler, in der Debatte um die Bürgergesellschaft nur auf die Verbände und Vereine zu schauen. Mindestens ebenso wichtig sind die kleinen sozialen Netzwerke, die eine Gesellschaft zusammenhalten. Insbesondere denke ich dabei natürlich wieder an die Familien.

Sie sprechen von existenziellem Bürgerethos, von Demokratie als Lebensform. Sind das nicht abgedroschene Worte?

Nein, mir geht es dabei um die handfeste Frage, wie sich in Zeiten zersplitterter Ordnungen und schwindender Traditionen das Zugehörigkeits- und das Selbstwertgefühl des Einzelnen sichern lassen. Psychische Stärke ist Voraussetzung, um den Ungewissheiten persönlich gewachsen zu sein, ja sie im Zweifel als Freiheitsgewinn zu schätzen, statt sie als Orientierungsverlust zu beklagen. Dass man sich alleine nicht genug ist, sondern gemeinschaftsbezogen denkt und handelt, berührt doch immer auch das Selbstwertgefühl. Wer sich ohnmächtig fühlt und nicht die Erfahrung macht, dass er etwas bewirken kann, der flüchtet sich in sein Schneckenhaus, dem fehlt die Kraft, sein Leben in die Hand zu nehmen, es gestalten zu wollen. In diesem Sinne sind scheinbar ganz private Fragen der Lebensführung eminent politische. Wir sollten uns nicht scheuen, diesen Zusammenhang offensiv darzulegen und neu verständlich zu machen.

Demokratie als Lebensform heißt auch Zivilcourage ausbilden. Eine Gesellschaft sichert ihre demokratische Zukunft umso besser, je weniger sie sich aus Trittbrettfahrern und Mitläufern zusammensetzt. In einer Gesellschaft der Mitläufer riskiert der Mutige sein Leben. In einer Gesellschaft der Bürger mit Zivilcourage nicht, denn sie kann ein Bollwerk errichten gegen Machtmissbrauch und Willkür. Deshalb müssen wir gerade unter den vergleichsweise günstigen Bedingungen der Demokratie Zivilcourage einüben und praktizieren. Das bedeutet für mich zum Beispiel: Ein Maß Skepsis gegenüber staatlichen Regeln tut uns allen gut, und ich sehe auch heute, in der Demokratie, so manche Infragestellung staatlich gesetzter Regeln durchaus unter dem Aspekt, dass sich hier eine lebendige Zivilgesellschaft unzureichend begründeten Kontrollansprüchen selbstbewusst widersetzt.

Dies zeigt mir, dass wir eine Bürgergesellschaft

haben, die – wenn es hart auf hart kommt – Willkür-
handlungen zu widerstehen vermag.

**Dann hätte sich Ihr Bürgerbegriff ja am 9. November
1989 erfüllt. Vor zwanzig Jahren fiel in Deutschland
die Mauer.**

Damals hat existenzielles Bürgerethos das Land verändert. Als die Bürger der DDR sich darüber klar wurden, dass ihre individuelle Unzufriedenheit oder ihr in
kleinen Zirkeln geäußerter Protest zu einer Bewegung
angeschwollen war, die das ganze Volk erfasst hatte,
war die Macht des Politbüros gebrochen. Die Ostdeutschen haben sich im November 1989 selbst befreit und
für Deutschland die Chance errungen, vereint und in
Frieden zu leben. Dabei hatten in Ost und West viele
die DDR noch im Frühjahr 1989 für unerschütterlich
gehalten. Vergangenheit und Gegenwart enthalten
eben oft unbeachtete Potenziale. Nicht nur ihre wirt-
schaftlichen Schwächen, nicht nur die internationale
Konstellation, nicht nur das Fernsehen, sondern vor
allem und an erster Stelle die Entschlossenheit der
Menschen hat die Mauer, die die Deutschen teilte,
überwunden.

Doch war das der Anfang einer geglückten Zukunft
für Deutschland? Noch nicht. Wie immer bei großen
Umbrüchen gab und gibt es enttäuschte Erwartungen,

resignierte Nostalgien, Verbitterungen bei denen, die sich missverstanden fühlen, Unverständnis bei denen, denen es schwerfällt, sich in andere hineinzuversetzen.

Aus der Vergangenheit vergleichbarer Umbrüche können wir Geduld lernen und die Chance begreifen, die im Zuhören liegt. Das gilt für die Deutschen aus Ost und West, und es gilt überhaupt für unsere immer vielfältigere Gesellschaft. Deren Vergangenheit umfasst nicht nur vierzig Jahre zweier deutscher Staaten mit ganz unterschiedlichen Erfahrungen, sondern auch mehr und mehr die persönlichen und kollektiven Erinnerungen von acht Millionen Nicht-Deutschen und noch einmal so vielen Deutschen mit sogenanntem Migrationshintergrund. Deren Identität speist sich auch aus ihrer jeweiligen Vergangenheit und Erinnerung, die eine andere ist als die der – ich gebrauche dieses Wort in Anführungsstrichen – »Mehrheitsgesellschaft«. Was aber für uns alle gilt: Der Bürger eines Landes, egal welcher Herkunft, muss Politik als etwas entdecken, das mit seiner eigenen Lebensführung zu tun hat, mit den existenziellen Fragen von Individuum und Gesellschaft. Ein Bürgerethos darf nichts Aufgesetztes sein. Es muss existenziell verwurzelt sein. Erst dann geht Strahlkraft von ihm aus. Das Politische sollte sich mit der Erfahrung verknüpfen: Ich kann etwas bewirken, kann selbst Akteur sein, bin nicht nur Rädchen im Getriebe.

Leichter gesagt als getan, wenn man ohne Arbeitsplatz ist oder sich gezwungen sieht, seine Heimat im Osten wegen mangelnder Perspektiven zu verlassen. Welches Bild vom neuen Deutschland bietet sich Ihnen heute?

Zunächst mal bin ich sehr froh und dankbar, dass ich neun Jahre lang an der Viadrina in Frankfurt/Oder arbeiten konnte. Damit werde ich nicht zu einer Ostdeutschen, aber ich habe doch sehr viele Einblicke gewinnen können in das Leben und das Selbstverständnis vieler Menschen in Ostdeutschland, in die Art, wie sie Gesamtdeutschland und Westdeutschland wahrnehmen. Und vielleicht drehe ich Ihre Frage jetzt mal um: Es ist, glaube ich, nicht sinnvoll, so zu tun, als wäre es egal, ob man im Osten oder im Westen groß geworden ist. Ich habe nichts gegen die Unterscheidung in Ossis und Wessis. Mir ist ganz klar: Ich bin im Westen groß geworden. Und auf der anderen Seite bin ich ganz besonders stolz darauf, wenn Menschen in Ostdeutschland nicht auf Anhieb wissen, ob ich aus dem Westen oder aus dem Osten komme. Immer wieder werde ich gefragt: Sind Sie eigentlich eine Ostdeutsche oder eine Westdeutsche? Ich glaube, dass es möglich ist, sich als Wessi in die Lage von Ostdeutschen zu versetzen, und dass das viel zu wenig gemacht wird. Was bedeutet es, wenn man aufgewachsen ist in einem Teil des Landes, der politisch-ökonomisch als gescheitert gilt? Viele

Menschen in Ostdeutschland identifizieren das Scheitern des politischen Systems mit dem Scheitern ihres persönlichen Lebens, was völlig falsch ist. Aber es passiert immer wieder.

Geradezu verwundert reibt man sich die Augen vor einem in Westdeutschland häufig komplementär zu den Versagensgefühlen Ostdeutscher kolportierten Bild Ostdeutschlands, in dem es nur Investitionsruinen, Versagen oder Fehlschläge gibt. Die wirtschaftspolitischen Werkzeuge, die dagegen vorgeschlagen werden, sind oft keinesfalls neu. Es ist berechtigt, das bislang Erreichte und die dafür eingesetzten Instrumente auf den Prüfstand zu stellen – Erfolge und Methoden aber pauschal zu verwerfen, ist nicht nur ungerecht, sondern auch dumm. Natürlich brauchen wir neue Impulse beim Aufbau Ost. Vielleicht ist es tatsächlich richtig, dass man stärker als bislang in Wachstumskerne investieren sollte. Aber wollen wir deshalb der weit überwiegenden Mehrheit der Ostdeutschen außerhalb der Wachstumskerne sagen, dass für sie vor Ort keine Zukunft besteht? Wahrscheinlich müssen wir strikter bei der Förderung von Unternehmen dort ansetzen, wo schon eigene Initiativen und Ressourcen vorhanden sind, also unterschiedliche Arten von Wachstumskernen berücksichtigen.

Das liefe dann wieder auf einen Mix von Instrumenten und Schwerpunkten hinaus, es ginge um eine Akzentverschiebung, nicht um einen Paradigmenwechsel. Vor allem aber sollten wir aufhören, die bisherigen Leistungen – Umwelt wurde entgiftet, Infrastruktur aufgebaut – kleinzureden. Woher Mut und Initiative nehmen, wenn alles doch nur schlecht ausgeht? Das Engagement der Menschen ist die wichtigste Ressource des erhofften Aufschwungs. Es ist in Ostdeutschland, trotz der vielen Enttäuschungen, immer noch in bewundernswürdigem Maße vorhanden. Es muss auch nicht ganz schnell viel besser gehen. Aber der gegenwärtige Abwärtstrend, der sich vor allem in der Arbeitslosigkeit und in der Entvölkerung manifestiert, muss gestoppt und in einen wenigstens leichten Aufwärtstrend verwandelt werden. Nachhaltige Evaluation der bisherigen Wirtschaftspolitik, sorgfältige Unterstützung der Initiativen vor Ort und Stärkung von Bildung und Forschung, um Wettbewerbsfähigkeit durch intelligente Produkterneuerung zu stärken – damit wäre dem Aufbau Ost mit Sicherheit am besten gedient.

So persönlich, wie Sie das Politische nehmen wollen, klingt es fast so, als sei Politik ein Projekt der Sinnstiftung. Ist sie das in Ihren Augen?

Wir leben in einer pluralistischen Gesellschaft, deren Vielfalt wir anerkennen und wollen. Das kann jedoch nicht heißen, Politik unabhängig von Sinnstiftung zu denken. Natürlich muss eine freiheitliche Politik den Bürgern den Raum lassen, ihren Sinn selbstständig zu finden. Ich glaube aber, Politik, die im Dienste der Freiheit steht, kann die Erfahrung von Sinn durchaus begünstigen.

Dafür muss man sich allerdings der kulturellen Einbettung von Wissenschaft, Wirtschaft und Politik bewusst sein. Auch dessen, dass sie nicht schon immer vorhanden waren, sondern gestaltet wurden. Sonst verliert man das Gespür fürs Gestaltbare und redet nur von Sachzwängen. Wir, die Menschen, erscheinen dann früher oder später nur noch als Mittel zum Zweck – statt in all unseren Bedürfnissen Maßstab des Wirtschaftens, Regierens und Forschens zu sein.

Dafür muss sich die öffentliche Debatte stärker als bisher für die gehaltvollen Fragen der Politik öffnen, für solche Aspekte des Politischen, die mit dem zusammenhängen, was wir alle meinen, wenn wir fragen: Wie wollen wir leben? Das setzt Unterscheidungsvermögen voraus, Differenziertheit im Denken und Sprechen, wozu zentral auch die Medien aufgerufen sind. Die Sorgfalt der Unterscheidung gehört zu den wichtigsten Quellen der Vertrauensbildung.

Hat das in der parteipolitischen Auseinandersetzung überhaupt eine Chance? Grassiert dort nicht das Syndrom des Zynismus?

96

Ich halte nichts davon, der Politik immer nur Zynismus zu unterstellen. So schafft man kein Vertrauen. In der Politik geht es um komplizierte Prozesse der Aushandlung, deren Streitcharakter gerne skandalisierend in den Vordergrund gestellt wird. Der Dissens ist aber demokratietheoretisch legitimiert. Dissens ist kein Unfall der Demokratie. Dissens bietet die Chance, Vor- und Nachteile von politischen Vorschlägen und Lösungen ans Licht zu bringen, und dient damit dem Gemeinwohl!

… über nützliches Denken

Frau Schwan, Sie hat immer schon die philosophische Fundierung der Politik gereizt. Wie würden Sie an diesem Punkt den Einfluss des Philosophen Leszek Kolakowski beschreiben, über den Sie promovierten und dessen Laudatio Sie hielten, als er 1977 in der Paulskirche den Friedenspreis des Deutschen Buchhandels erhielt?

Kolakowskis Philosophie rührt bei mir an ein Denken, mit dem ich in meiner Familie groß geworden bin. Sie elektrisierte mich von Anfang an wohl auch deshalb, weil sie viele Ansätze bei mir weiterführte, vertiefte, zum Teil auch in eine neue Richtung brachte, die mich seit frühester Jugend beschäftigen. Da ist Kolakowskis beständiges Angehen gegen Absolutsetzungen, gegen diesen hartnäckigen Wunsch des Denkens, alles nach einem einheitlichen Gesetz zu ordnen. Philosophischer Pragmatismus, Dialektik und ein Misstrauen gegenüber der stabilisierten Welt zeichnen sein Denken aus. Den Pluralismus als politische Ordnung bejaht er aus philosophischer Einsicht. Das geistige Verhältnis zur Welt ist für ihn nicht anders denkbar denn als Spannungsverhältnis zwischen widerstreitenden Polen, als das labile Gleichgewicht von Gegensätzen, die zusammengenommen die Fülle des Wirklichen ausmachen.

Also ein Antiideologe, wie er im Buche steht.

Ja, sein Denken ist in beeindruckender Weise auf die Überwindung monistischer Vorstellungen gerichtet, also aller Einheitsideen, die behaupten, dass sich die Dinge bedeutungsgleich und ohne Verlust aufeinander zurückführen lassen. Denkfiguren des Abgeschlossenen, Fertigen gelten ihm als zutiefst antiphilosophisch und suspekt. Kolakowski führt stets ins Offene, Weite. Ihm geht es darum, die eine vorhandene Welt auf die Vielfalt möglicher Welten hin zu sehen. Er fragt, was auch für mein eigenes Fragen wesentlich ist: Wie können sich die unterschiedlichen Sichtweisen so begrenzen und ergänzen, dass nicht eine von ihnen sich fälschlicherweise für das Ganze ausgibt?

Wenn die Philosophie die menschliche Individualität bejaht, so pflegt er zu sagen, dann tut sie das nicht im Namen einer Vorstellung des Einzelwesens als eines selbstgenügsamen Atoms. Denn man kann die Individualität nicht bejahen, wenn man sie nicht mit der übrigen Welt in ein Verhältnis setzt, man kann sie nur bejahen in ihrer Stellung zur Welt, in der Abhängigkeit von ihr und der Verantwortung für sie. Das ist, finde ich, eine sehr tiefe Begründung für das Politische.

Wie haben Sie Kolakowski kennengelernt?

Er ist mir das erste Mal 1960 begegnet. Da gab die polnische Militärmission in Berlin sehr schön aufgemachte Hefte über Polen heraus mit wunderbaren Fotos. Eines Tages stieß ich darin auf eine Story über Leszek Kolakowski, der damals der Nachwuchsstar der polnischen Philosophie war. Er wurde als politisch engagierter Kommunist dargestellt, aber zugleich als international bekanntes Genie, ein Frühreifer. Schon damals war ich fasziniert. Einige Jahre später erschien in Deutschland eine Essaysammlung bei Piper: *Der Mensch ohne Alternative*, herausgegeben von Wanda Bronska-Pampuch. Das Buch wurde sehr bekannt, bekam große Aufmerksamkeit.

Die Botschaft hat mich elektrisiert: Im Stalinismus lässt man den Menschen keine Alternative. Da habe ich angefangen, mich näher mit Kolakowski zu beschäftigen. Ganz konkret kam er wieder ins Spiel, als ich nach einem Thema für meine Promotion in der Philosophie suchte. Also man stelle sich vor, ich komme zu meinem Doktorvater Wilhelm Weischedel mit folgenden zwei Themen: Adorno, damals das absolute In-Thema, oder eben Kolakowski. Weischedel gab ohne Zögern Kolakowski den Vorzug. Wer brauchte schon die x-te Arbeit über Adorno, das machten ja alle. Ich höre es noch heute: »Kind, du lernst Polnisch, du schreibst über Kolakowski.« Er hatte mich natürlich sonst nie geduzt oder mit Kind angeredet, er hat einfach aus einem spontanen Affekt reagiert. Meine Antwort war: »Da muss ich gar nicht anfangen, Polnisch zu lernen. Ich lerne die Sprache doch schon seit ein paar Jahren.« Hintergrund war, dass ich seinerzeit einen schweren Liebeskummer verwinden wollte und um mich abzulenken, hatte ich mit dem Polnischen begonnen. Polnisch konnte ich also schon, als ich mit Weischedel sprach. Damit war die Entscheidung für Kolakowski gefallen.

Kurz darauf habe ich ihn in Polen das erste Mal persönlich getroffen. Er konnte gar nicht glauben, dass jemand eine Dissertation über ihn, den jungen Philosophen, schreiben wollte. Ich habe mich voller Begeisterung in die Recherche gestürzt, habe alles über ihn und von ihm zusammengesucht und »undercover« in der Warschauer Universitätsbibliothek die Auseinandersetzungen über ihn nachgelesen.

Was heißt das genau, wenn Sie sagen, Sie hätten »undercover« recherchiert?

Zu dem Zeitpunkt, als ich die Arbeit erstellte, war Kolakowski politisch schon nicht mehr salonfähig, weil er 1966 aus der Partei ausgeschlossen worden war. Er hatte zum zehnten Jahrestag des polnischen Oktober 1956 die Frage gestellt: »Was haben wir zu feiern?«, um dann öffentlich in einer großen Studentenversammlung selbst die Antwort zu geben: »gar nichts.«

In Polen durfte ich nirgends sagen, dass ich über Kolakowski arbeitete, schon die Beantragung eines längeren Visums war schwierig. Ein netter Pole, der in der Militärkommission tätig war, hat dann erfunden, ich hätte kommunistische Eltern, daher käme mein Interesse am polnischen Marxismus. Der Codename der Undercover-Recherche lautete also »Polnischer Marxismus«. Gegen Ende meiner Arbeit in Warschau nahm mich die Leiterin der Universitätsbibliothek beiseite und fragte: »Nicht wahr, Sie arbeiten über Kolakowski?« Ich habe es dann zugegeben. Sie sagte nur: »Viel Glück.« Da wurde mir schlagartig klar, dass es doch einige Leute in den akademischen Institutionen gab, die Kolakowskis Linie bejahten.

Was hat Sie an Kolakowskis Denken fasziniert?

Ich hatte das Glück, mit ihm mehrere wichtige Gespräche führen zu können. Besonders interessiert war ich an seiner biografischen Entwicklung, die doch viele Fragen aufwirft. Er kommt aus einer Intellektuellenfamilie. Die Mutter ist früh gestorben. Der Vater, ein Sozialist und von Beruf Journalist, wurde von der Gestapo erschossen. Leszek Kolakowski ist dann als Vollwaise bei Verwandten aufgewachsen. Wie kann jemand, der als überzeugter, militanter Kommunist anfängt und gegen die katholische Kirche wettert, wo immer er Gelegenheit dazu findet, eine Arbeit über Augustinus schreiben? Eine Arbeit, die auf der einen Seite zeigt, dass er dessen ganze Theologie durchdringt, aber scheinbar nur, um sie anschließend parteikonform zu verwerfen? Das fand ich wirklich paradox. Er hatte sich komplett in die christliche Theologie eingearbeitet, diese dann aber immer sehr verzerrt wiedergegeben. Dann die Kehrtwende: Aus dem bewussten Verzerrer wird jemand, dem es um eine tief greifende und ernsthafte Analyse und Kritik der Religion geht, der ihre Unentbehrlichkeit sieht, sie als Lebensmacht schätzt, ihre mythologische Struktur starkmacht, aber zugleich pointiert ihre Grenzüberschreitungen zurückweist, ihre integralistischen Tendenzen aufspießt. Ich war ganz hingerissen von seiner Art zu denken und von dem Mut, sich den eigenen Fehlern zu stellen. Ich habe mich vor allem gefragt: Was ist die Logik dieses

Wandels? Wo kann man in Kolakowskis frühen Schriften Ansätze für den späteren Wandel finden? Kolakowski imponiert mir auch deshalb, weil er keine tote Philosophiegeschichte vertritt. Seine Positionen haben einen konkreten politischen Hintergrund, ohne kurzatmig zu sein. Seine Gedanken gründen tief in der Tradition und entfalten von dort ihre ganze Kraft und Stärke. Er ist ein Nonkonformist, durchdrungen von Witz und Ironie.

Als Sozialdemokratin entfalten Sie auch im bürgerlich-liberalen Lager eine erstaunliche Anziehungskraft. Täuscht der Eindruck, dass das Ineinander von konservativen und liberalen Motiven Ihres Denkens bei Kolakowski grundgelegt ist?

Kolakowski hat bei mir in der Tat tiefe Spuren hinterlassen und mein Denken nachhaltig geprägt. Zum Beispiel mit Sätzen wie diesem: »Es geht uns um die Vision einer Welt, in der die am schwersten zu vereinbarenden Elemente menschlichen Handelns miteinander verbunden sind, kurz, es geht uns um Güte ohne falsche Nachsicht, Mut ohne Fanatismus, Intelligenz ohne Verzweiflung und Hoffnung ohne Verblendung.« Und er fügte in bester pragmatischer Art hinzu: »Alle anderen Früchte des philosophischen Denkens sind unwichtig.« Ihn kann man in der Tat nicht auf schema-

tische Positionen festlegen. Die Stringenz dieses Philosophen liegt für meine Begriffe gerade darin, wie er das
»Dazwischen« zu seinem Thema macht – auf eine Art,
die mir sehr vertraut ist und meiner eigenen Lebenser-
fahrung entspricht. Die Spannung, die Schwebe – sie
sind Ort und Merkmal von Philosophie und Praxis
des Leszek Kolakowski und kennzeichnen Stil und
Inhalt seiner Gedanken.

**Und doch ist er nicht zögerlich oder unentschieden,
schreiben Sie im Nachwort zu *Narr und Priester*, einer
von Ihnen herausgegebenen Textsammlung von Kolakowski.**

Ja, seine Argumentation ist nie unentschieden, sondern
kraftvoll und pointiert. Aber jeder einseitige Blick auf
eine Medaille – darauf weist er immer wieder hin – zeigt
nur die Hälfte. Wenn man sich der Kehrseite nicht er-
innert, geht man in die Irre. Auch darin liegt eine sehr
grundlegende Rechtfertigung des Politischen. Tatsächlich darf man das Politische nicht mit dem Tun der
Funktionäre gleichsetzen. Das wäre ein völlig reduzier-
ter Politikbegriff. Das Politische ist keine Berufssparte,
sondern ein Weltverhältnis, Ausdruck des In-der-
Welt-Seins, über das wir vorhin sprachen. Das ist ja
auch der Zentralbegriff einer Philosophie, die die Sub-
jekt-Objekt-Spaltung hinter sich lässt. Hier fassen wir

den Grund, warum der Mensch von Haus aus ein politisches Wesen ist – er ist immer schon auf die Polis, das Gemeinwesen, die soziale Welt gerichtet. Ihn als isoliertes, von seinen Weltbezügen entkleidetes Wesen zu beschreiben, wird ihm nicht gerecht, ist Unsinn. Auch Kolakowski versteht die Welt nicht als etwas dem Subjekt Äußerliches, sondern als Seinsweise des Subjekts selbst. Denken, Existenz überhaupt, ist von vornherein auf die Welt bezogen und politisch. Es gibt demnach keine Binnensphäre eines Bewusstseins, das die Dinge und Vorkommnisse der Welt irgendwie »hineinnimmt« oder in seinem Gehirn »abbildet«. Das Politische bezeichnet eine anthropologische Proportion, ein Grundverhältnis, in dem der Mensch lebt, und lässt sich nicht auf die Frage reduzieren, ob man in einer Partei Mitglied ist oder nicht. Letzteres hat seine eigene Bedeutung, ganz klar, aber es ist nicht identisch mit der Frage des Politischen, die eine existenzielle Frage ist.

In dem vorhin erwähnten Band stellt Kolakowski die Philosophie der Priester und die Philosophie der Narren als die zwei Grundformen der Geisteskultur vor. In diesem Sinne läßt sich der Sachwalter des Politischen immer auch als Narr bezeichnen, der wider den Stachel der eingeschliffenen Denkschablonen löckt und sich die Gestaltungsfreiheit nimmt, die ihm zusteht, statt den Dingen ihren scheinbar festgelegten

Lauf zu lassen. Dafür müsste der Narr aber einer sein, der nicht im Betrieb aufgeht, obwohl er zum Betrieb gehört.

Es ist genau diese Frage der Zugehörigkeit, die Kolakowski beim Narren so interessant findet: »Der Narr ist der Zweifler an allem, was als selbstverständlich gilt, er verkehrt zwar in guter Gesellschaft, aber er gehört ihr nicht an und sagt ihr Impertinenzen. Er könnte dies nicht tun, wenn er selbst zur guten Gesellschaft gehörte. Dann wäre er höchstens ein Priester, der im Salon Anstoß erregt. Der Narr muss außerhalb der guten Gesellschaft stehen, sie von der Seite betrachten, um das Nicht-Selbstverständliche ihrer Selbstverständlichkeit, das Nicht-Endgültige ihrer Endgültigkeit herauszufinden. Er muss aber in der guten Gesellschaft verkehren, um ihre Heiligtümer zu kennen und um die Gelegenheiten zu haben, ihr Impertinenzen zu sagen.« Kolakowskis Narr macht vor, dass eine Position, wird sie nur hinreichend tief ergründet, das Verbindende sehen lässt, das sie mit anderen Positionen gemeinsam hat. Weil der Narr es intellektuell darauf anlegt, die Dinge zu ergründen, statt sie entlang der eingespielten Konfliktlinien wahrzunehmen, ist er so etwas wie ein Vermittler aus besserer Einsicht. So gesehen blockiert die Schärfe einer Argumentation nicht die Chance der Verständigung, sondern befördert sie.

Ich-Stärke und Selbstvertrauen, um die es Ihnen geht, sind einerseits auf Selbstverständlichkeiten angewiesen, andererseits wird ohne einen Bruch mit diesen Selbstverständlichkeiten kein Raum frei für Neues, für Bewährungen.

Zum Selbstvertrauen gehört, dass wir die Weltbilder unseres Herkunftsmilieus bewusst annehmen, sie verändern oder auch verwerfen können. Sonst traue ich mir, wenn ich etwa in einem misstrauischen Milieu aufgewachsen bin, nichts zu und verspiele Chancen – zum Beispiel die, eine aussichtsreiche Weiterbildung aufzunehmen. Sonst gebe ich den Versuch der Verständigung mit Nachbarn oder Arbeitskollegen von vornherein auf und lasse den Konflikten ihren Lauf, die mich dann belasten. Sonst wiederhole ich die Fehler meiner Vorfahren. Aus unserer Vergangenheit lernen heißt, die unbewussten Bindungen und Belastungen bewusst zu machen, sie als frei handelnde Person begreifen zu wollen. Mit seinen eigenen Voraussetzungen zu ringen, ist wichtig für das Selbstvertrauen jedes Einzelnen. Das ist aber auch wichtig für unser Land, dessen Bürger unterschiedliche Vergangenheiten haben, weil sie zunehmend unterschiedlicher Herkunft sind und sich in einem neuen Zuhause einfinden wollen.

Im Begriff des Selbstvertrauens verklammern Sie sozusagen das Politische und das Persönliche. Nun ist das Selbstwertgefühl ja eine höchst irritierbare Sache. Wie kann man sich ganz praktisch davor schützen, das Vertrauen in sich selbst zu verlieren?

Das ist ja eine der Fragen, die zurzeit auch in der Psychologie ganz neu erforscht werden. Ich halte diesen Bereich für hoch spannend und zukunftsweisend. Man versucht dabei herauszufinden, warum gewisse Menschen unter anhaltenden extremen Stressbedingungen nicht in die Knie gehen, sondern im Gegenteil daran wachsen und Stärken entwickeln, die sie zuvor nicht für möglich gehalten hätten. Da geht es nicht um geheimnisvolle Strategien der Unverwundbarkeit, sondern um eine nüchterne Analyse der Faktoren, die helfen, in belastenden Situationen die seelische und körperliche Gesundheit zu erhalten. Als wichtig stellt sich ein gemeinschaftsbezogenes Leben heraus, also die Fähigkeit, in sozialen Kontakten Austausch und Halt zu finden. Grundlegend für die innere Stabilität ist die Überzeugung, die eigenen Lebensumstände positiv beeinflussen zu können, keine Marionette des Schicksals zu sein. Dieses Überzeugtsein von der eigenen Gestaltungskraft findet sich als Konstante in allen Untersuchungen wieder. Es ist die Bereitschaft, in schwierigen Lebenslagen die Initiative zu ergreifen, auf andere zuzugehen – politisch zu sein.

Wie hängen Selbstvertrauen und Selbsttäuschung zusammen?

Selbsttäuschungen haben mit falschen Erinnerungen zu tun. Untersuchungen zeigen, wie stark das Erinnern, die Vergegenwärtigung der Vergangenheit, von unseren Wünschen und Befürchtungen in der Gegenwart geprägt ist. Wir nutzen die Vergangenheit selektiv, erinnerte Vergangenheit und erlebte Gegenwart verschränken sich. Habe ich in der Vergangenheit gut dagestanden? Diese Frage berührt im Kern unser Selbstwertgefühl und wirkt maßgeblich an der unbewussten Auswahl dessen mit, woran wir uns erinnern. Wir beziehen unsere Identität aus positiven Erinnerungen und blenden aus, was nicht zu unserem gewünschten Selbstbild passt. Denn es gehört viel Selbstüberwindung und gedankliche Disziplin dazu, sich eine Vergangenheit ins Gedächtnis zu rufen, bei der wir schlecht dastehen, durch die unser Selbstwertgefühl bedroht wird. Wenn man aber die Kraft aufbringt, sich mit einer schwierigen Vergangenheit auseinanderzusetzen, sich von erkannten Fehlern abzukehren, dann führt das zu einer Stärkung der Persönlichkeit, weil wir den Mut aufgebracht haben, uns mit Falschem klarsichtig und präzise zu konfrontieren. Je mutiger wir aus persönlichen Fehlern in der Vergangenheit lernen, desto stärker werden wir; desto besser gelingt es uns, auch für andere Zukunftszuversicht aufzubauen. Ein gewisses Maß an Grundvertrauen und die Einsicht, dass man die Selbstprüfung auch unterbrechen und sich in der Handlung gleichsam aufs Meer hinauswagen muss, sind freilich notwendig, um handlungsfähig zu bleiben und sich nicht lähmen zu lassen in der permanenten Abwägung der Gesichtspunkte.

Sie scheinen die Leute auch ganz persönlich zu Selbstvertrauen zu ermutigen. Jedenfalls werden Sie seit Ihrer ersten Kandidatur für das Amt des Bundespräsidenten 2004 immer wieder auf der Straße angesprochen, bekommen Post von Menschen, die Sie um Rat fragen. »Sie ermutigt mich«, ist das, was man am häufigsten zu hören bekommt, wenn man die Leute nach ihrer Meinung über Sie befragt. Ist das womöglich nur der Promi-Effekt, wonach Prominente zur Identifizierung einladen?

Ich kann das natürlich nicht ganz ausschließen. Aber ich hoffe doch, dass mehr dahintersteckt und freue mich jedenfalls sehr, wenn ich das Gefühl habe, dem einen oder anderen Mut gemacht zu haben. Was Bürgerinitiativen und Bürgerstiftungen angeht, um deren

Stärkung ich mich bemühe, ist mir aufgefallen, dass ich in den letzten fünf Jahren in der Tat fast täglich von Personen, die ich nicht kenne, angesprochen worden bin. Sie wollen mich als Unterstützerin für ihre zivilgesellschaftlichen Projekte gewinnen und erhoffen sich durch meine Hilfe die Überwindung von Barrieren finanzieller Art, aber auch eine höhere Akzeptanz für ihr Anliegen. Zugleich fühlen sie sich durch das, was ich sage, bestärkt, an sich selbst zu glauben und selbst tätig zu werden. Und das macht wiederum mir Mut.

Aus den unterschiedlichsten, zum Teil bekannten Gründen – Verlust traditioneller Bindungen, wirtschaftliche Belastungen – ist man heute mehr denn je auf sich selbst gestellt bei der Frage, wie man Widrigkeiten managt. Und muss persönliche Strategien entwickeln, wie man ihnen trotzt.

Ja, einerseits finde ich es wichtig, das Thema nicht den Seminaren fürs Selbstmanagement zu überlassen. Denn was da als Selbstmanagement verkauft wird, ist oft eine sehr vordergründige und oberflächliche Version der Selbstsorge, die das Persönliche unter ein rein wirtschaftliches Kalkül stellt – etwa wenn wir uns über den Begriff des Humankapitals unterhalten und über diverse Optimierungsstrategien, die da dranhängen. Auf der anderen Seite ist die Sorge um sich selbst ein altehrwürdiges Thema der praktischen Philosophie. Schon die antike Philosophie war nicht nur spekulativ, sondern wollte den Alltag durch praktische Überlegungen und Handlungen verbessern. Sich in diesem Sinne Gedanken um sein Selbstwertgefühl zu machen, ist eine Voraussetzung für das, was die Philosophen seit je das gute Leben nennen – was wiederum nicht bedeutet, dass man immer akut glücklich ist. Es ist entscheidend, wie man von sich selbst denkt: ob wir ständig mit dem Gefühl leben, nicht zu genügen, Opfer von Umständen zu sein, oder im Gegenteil das Gefühl haben, unser Leben zu gestalten, uns selbst und andere annehmen zu können. Ob es gelingt, trotz Schwankungen in sich selbst zu ruhen, bis zu einem gewissen Grad unabhängig von fremden Erwartungen zu sein – das hängt davon ab, wie wir von uns denken.

Warum Denken traurig macht heißt ein Buchtitel von George Steiner. Sie sind eher der Meinung, dass Denken glücklich macht. Liege ich da richtig?

Denken hilft jedenfalls, das Terrain zu klären. Ich erinnere mich an eine sehr frühe Situation, da war ich vielleicht sechs oder sieben Jahre alt, und ich dachte: »Warum bist du eigentlich jetzt so traurig? Es gibt doch gar keinen greifbaren Anlass, traurig zu sein.« Ich habe dann damals von diesem Punkt aus versucht, Klarheit in meine trübe Stimmung zu bringen. Habe also versucht, mir argumentativ eine Situation zu schaffen, die mich meiner Stimmung überlegen macht und mir einen Halt im Tatsächlichen gibt. Seitdem erlebe ich es als zentral für mich: dieses Bemühen, mir Klarheit verschaffen zu wollen jenseits wechselnder Stimmungen, Befürchtungen und Hoffnungen. Klärung und Klarheit: Das sind für mich sehr positiv, wenn Sie so wollen, glücklich besetzte Begriffe. Sie verweisen auf die grundsätzliche Möglichkeit, sich gedanklich so mit den Dingen auseinanderzusetzen, dass sie einen nicht aufsaugen.

Hannah Arendt lobt die Einbildungskraft, welche die Menschen befähigt, in nachdenkliche Distanz zu ihren spontanen Vorstellungen zu treten und sie kritisch unter dem Aspekt zu betrachten, wie sie sich aus der Sicht eines anderen, in den sie sich hineinversetzen, ausnehmen. Auf diese Weise kann ich aus meinen kognitiven oder emotionalen Befangenheiten heraustreten, gewinne eine Position des Gegenüber.

Eine Philosophin bleibt cool?

Warum nicht, wenn damit eine Ausgeglichenheit inmitten der Spannungen gemeint ist? Wir können noch so verwickelt, verheddert und verstrickt in unsere Lebensumstände sein, gedanklich können wir zu ihnen noch einmal in ein neues Verhältnis treten. Aus dem Abstand, den das Nachdenken schafft, sehen wir Zusammenhänge, die uns erst verschlossen waren, können Freiheit und Eigenständigkeit behaupten und Einfluss auf die Verhältnisse nehmen, in denen wir uns befinden.

Da könnte man fast denken: Wir machen uns über alles Mögliche Gedanken, nur viel zu wenig über unsere Gedanken.

Das Tempo der Veränderungen, denen wir alle unterliegen, kann ein Gefühl der Ohnmacht erzeugen, den Eindruck, man sei ein Getriebener. Ich beobachte eine paradoxe Entwicklung: Je vehementer die öffentliche Rhetorik der Selbstverantwortung, desto verbreiteter das diffuse Gefühl, man selbst habe ja doch keinen Einfluss auf die Dinge. Aber fragen wir uns in einer derartigen Lage doch lieber, wie das geht: Sein Leben mit der Kraft der Gedanken so zu steuern, dass es nicht aus dem Ruder läuft. Weil die mediale Ökonomie der Aufmerksamkeit die Kurzatmigkeit begünstigt, den raschen Themenwechsel, läuft das Denken Gefahr, fahrig und fiebrig zu werden, vom Bewusstseinsstrom mitgerissen zu werden statt noch einmal – in einer zweiten Ordnung, wie die Philosophen sagen – auf die Bewusstseinsinhalte zu reagieren.

Das Denken kann – und darin liegt seine klärende

Funktion, von der ich sprach – sich kontrollieren, es kann über sich nachdenken und entscheiden, ob es so oder anders auf die Ereignisse reagieren will, die uns täglich in Beschlag nehmen. So lässt sich Boden unter den Füßen gewinnen, und man gerät weniger rasch aus der Fassung.

Aber geht auf diese Weise nicht die Spontaneität verloren?

Im Gegenteil. Die Bindung ans Argumentative schafft erst den Spielraum für das Spontane. Wir vermehren doch unsere Möglichkeiten, die Dinge zu sehen, wir vermindern sie nicht. Wir treten ins Weite, nicht ins Enge. Wie ein Kunstwerk ohne Handwerk aufgeschmissen ist, so ist auch ein Denken aufgeschmissen, dem das Handwerk fehlt, ein Denken, das sich in Flattrigkeiten erschöpft. Keiner von uns käme auf die Idee, einem handwerklich ausgereiften Kunstwerk Michelangelos einen Mangel an Spontanem vorzuhalten. Wieso sollte uns diese Idee bei Menschen kommen, die das Handwerk des Denkens üben? Bei Menschen, die ihr Denken bewusst so üben und einrichten, dass es nicht dem erstbesten Impuls folgt, sondern Zusammenhänge herstellt, Urteilskraft entwickelt.

Woran denken Sie beim Stichwort Urteilskraft im Alltag?

In erster Linie an die kognitiven Tugenden der Umsicht und Vorsicht. Sie ermöglichen, Chancen und Risiken richtig abzuschätzen. Sie kennen ja das geflügelte Wort: Man muss nicht nur die Glocken hören, sondern man muss auch wissen, wer sie läutet. Damit zusammen hängt die Fähigkeit, zwischen wichtig und dringlich zu unterscheiden, das Denken in Prioritäten. Täglich, manchmal stündlich, werden wir vor die Frage gestellt: Was ist wichtig? Und was nur dringlich? Nicht alles, was gerade drängt, ist wichtig. Das meiste davon kann warten. Und nicht alles, was wichtig ist, hat die Eigenschaft zu drängen. Dafür ist wiederum einiges von dem, was drängt, auch wichtig. Das sind Fragen, die sich fürs Handeln stellen, aber zuvor fürs Denken. Wollen wir wirklich allem Raum geben, was uns durch den Kopf geht? Die Frage ist doch: Welche von den Gedanken, die mich bedrängen, sind wichtig und verdienen es, vertieft zu werden? Und welche Gedanken machen sich jetzt breit, obwohl sie erst zu einem späteren Zeitpunkt meine Aufmerksamkeit verdienten? Oder gar völlig zu vernachlässigen sind, weil sie aus der Luft gegriffen sind?

Urteilskraft ist natürlich auch immer dort gefragt, wo es darum geht, die Fülle der Informationen, die täglich über uns hereinbrechen, einordnen zu können. Wer nicht gewohnt ist, die Voraussetzungen des jeweiligen Wissens zu befragen – also die Reichweite von Argumenten zu prüfen –, der bleibt unaufgeklärt und urteilsunfähig auf hohem Informationsniveau. Welche Information auf welche Frage antwortet und auf welche gerade nicht – das beurteilen zu können, wird heute immer wichtiger, wo man zwar jede Menge Expertenmeinungen hat, aber die Zusammenhänge, in denen sie stehen, selbst herstellen muss.

Funktioniert die Urteilskraft, dann spießt sie die Verkürzungen, all die Reduktionismen auf, die Wissenschaft, Medien und Wirtschaft als versteckten Preis ihrer oft gehetzten Betriebsamkeit zahlen. Urteilskraft stellt die Verzerrungen bloß, die entstehen, wenn partikulare Logiken für das Ganze des Menschen sprechen wollen.

Sie haben nach dem Tod Ihres ersten Mannes mehrere Jahre in einer Depression gelebt, über die Sie öffentlich gesprochen haben. Hat es mit dieser schmerzvollen Einsicht ins »Elend der Zeitlichkeit« (Leszek Kolakowski) zu tun, dass Sie heute mit so viel Nachdruck die aufbauende Kraft der Reflexion herausstreichen?

Seitdem ich vor vielen Jahren eine Depression überwunden habe – ich war depressiv gewesen nach einer schon länger anhaltenden Selbstüberforderung, die sich vermutlich aus einem Gefühl gespeist hatte, es besser zu haben als viele andere und deshalb immer auch für viele die Verantwortung übernehmen zu müssen –, fühlte ich mich tatsächlich erst mal wie neu geboren. Bei mir sind Urvertrauen und eine grundlegende Irritation über unser Gefährdetsein aber wohl eine Verbindung eingegangen, die mich antreibt, das Positive befestigen zu wollen. Man hat mich in diesem Sinne mal eine »manisch Konstruktive« genannt. Tatsächlich ist mir der Gedanke eines metaphysischen Bedrohtseins nicht fremd, der Gedanke, das Dasein könne jederzeit ins Sinnlose, Leere fallen, wenn man ihm nicht Sinn geben will, es nicht als Aufgabe auffassen will. Auch der christliche Glaube, aus dem ich zu leben versuche, fällt ja nicht vom Himmel, sondern will immer wieder neu begründet und praktiziert sein, um lebensmächtig zu bleiben.

Nichts ist, was der Mensch sich nicht als solches setzt: Vielleicht ist es dieses eher prekäre Lebensgefühl, das Ihrer Traditionsverbundenheit Gewicht verleiht.

Ich weiß es nicht. »Das, wovor wir fliehen, ist die Erfahrung der Gleichgültigkeit der Welt, und die Versuche, diese Gleichgültigkeit zu überwinden, bilden den zentralen Sinn des menschlichen Ringens mit dem

Schicksal in seiner Alltäglichkeit und in seinen Extremen.« So steht es in Kolakowskis Essay über »Das Phänomen der Gleichgültigkeit der Welt«, auf den Sie schon anspielten. Das ist bei ihm ja nicht nihilistisch gemeint, sondern liest sich eher wie eine negative Theologie, die aus der Erfahrung der Negativität einen positiven Antrieb macht. So heißt es wenig später: »Das Phänomen der Gleichgültigkeit der Welt verleiht der Ganzheit der menschlichen Anstrengungen einen gemeinsamen Sinn, der nur folgender sein kann: die Gleichgültigkeit permanent zu überwinden versuchen.«

Ja, genau dazu sind wir aufgerufen: permanent die Gleichgültigkeit zu überwinden, die uns lähmt. Das war bei uns in der Familie eine ganz selbstverständliche Überzeugung, dass man sein Leben als Aufgabe für sich und andere begreift, anstatt es zu verläppern. Fragen des guten Lebens, wie sie in der politischen Ideengeschichte gestellt werden, bekommen ja oft erst dann eine drängende persönliche Bedeutung, wenn man einmal am Abgrund stand, der Gleichgültigkeit der Welt begegnet ist. Nehmen Sie als Extremfall das Erlebnis der Todesnähe, durch das Menschen immer wieder schlagartig ihr Leben ändern.

Also kann Denken doch auch traurig machen?

Na ja, die Vertreibung aus dem Paradies war ein freier Fall – ins freie Denken. Die Freiheit des Denkens hat etwas Beklemmendes, weil sie uns erst einmal auf das Nichts zurückwirft. »Warum ist überhaupt etwas und nicht vielmehr nichts?«, hat Heidegger in Anschluss an Schelling gefragt. Und so könnte ich mir vorstellen, dass Denken traurig macht, weil tieferes Nachdenken zunächst alle gewohnten Sicherheiten infrage stellt. Mein Doktorvater hatte von der Philosophie her die Grundmethode, alles radikal infrage zu stellen. Ein Denken vom Nullpunkt her sozusagen. Descartes' »de omnibus dubitandem« war sein Grundsatz, und daraus leitete er eine skeptische Ethik ab. Das Unglück könnte also darin liegen, dass man die Gewissheit des Erkennens verliert, und damit auch die Gewissheit über die eigene Lebensführung, dass man spürt – nicht nur erkennt –, wie völlig im Bodenlosen man eigentlich lebt. Aber dann kann das Denken eben auch das Terrain klären, in dem man einen neuen Weg finden muss und kann.

Camus wollte ohne Mythos, ohne Halt in einer Transzendenz, ohne Glauben auskommen, was, wie ich finde, nicht ohne Selbsttäuschung möglich ist. Es geht aber darum, im Kopf zu behalten, dass Mythos, Transzendenz, Glaube eingegrenzt sind, dass sie nicht wuchern dürfen, dass sie nicht die Antwort auf alles sind. Das ergibt ein Leben in der Spannung, nicht ein

Leben, wo man sich blind in irgendeinen Hafen geret-
tet hat.

**George Steiner formuliert die Alternative messer-
scharf. Entweder eine Kultur der Freiheit um den
Preis der Gewissheiten. Oder eine Kultur der Unfrei-
heit, ein Zur-Ruhe-Kommen in Systemen um den
Preis von uns selbst. Das Glück unter den Fittichen
der Gedankenpolizei ist kein Glück, auch wenn es
sich als solches ausgibt.**

Mir gefällt in dem Zusammenhang Ludwig Binswan-
gers Begriff der anthropologischen Proportion, die es
immer wieder neu auszuloten gilt. Er bestimmt das
menschliche Dasein als Verhältnis zwischen Höhe und
Weite. Wer höher steigt, als durch die Erfahrung
gedeckt ist, der versteigt sich, der führt ein Leben in
Verstiegenheit. Er hat die Höhe nicht wirklich erstie-
gen, sondern erschwindelt und ist daher eine vom
Schwindel bedrohte, absturzgefährdete Existenz. Ihr
gelingt es nicht, Fuß zu fassen. Es kommt zu einer Art
Verhältnisblödsinn mit all den Formen des Einseitigen,
Exaltierten, Übertriebenen, Überspannten. Mit dem
Verstiegenen korrespondiert der Typus des Verschrobe-
nen, der nicht über seine Nase hinaussieht, sondern
nur seine Idee, sein Thema im Auge hat – der das, was
er sich in den Kopf gesetzt hat, mit peinlicher Konse-

quenz verfolgt. Damit verliert er die Freiheit, das Richtige zu treffen, die Bewegtheit der Existenz.

Man lebt eingeklemmt, bleibt stecken im Prinzip des »Mehr vom selben«, lässt sich in Beschlag nehmen, statt die Situation zu erschließen. Ludwig Binswanger hat das alles sehr schön dargelegt in dem Buch *Drei Formen missglückten Daseins*. Das sind so Fallen, in die das Denken geraten kann, wenn es nicht gelernt hat, richtig zu sortieren.

Zu sortieren?

Ja, Denken ist Sortieren, nicht Aussortieren! Wobei ich es immer so empfunden habe, dass Konflikte, dass Gegensätze die Chance bieten, alle Aspekte zu berücksichtigen, die bei einer Entscheidung anstehen, um sie damit zu verbessern und unvermeidliche negative Folgen vielleicht später wieder auszugleichen. Während meiner Zeit schon als Dekanin an der Freien Universität Berlin, später als Universitätspräsidentin an der Viadrina habe ich immer wieder die Erfahrung gemacht, dass das Hinhören auf Opposition, auch wenn es zunächst stört und Zeit kostet, einen herausfordert, noch mal nachzudenken, ob es nicht eine konstruktivere Lösung gibt, die sich im Nachhinein als besser erweist. Das verlangt auch eine gewisse menschliche Überwindung. Ich habe das immer als Vorzug in Auseinandersetzungen erlebt: Optimierung durch Kontroverse. Man kann Kontroversen in verschiedenen Formen praktizieren. Wenn ich manchmal auf Podien sitze, die nicht richtig kontrovers bestückt sind, sondern mit Personen, deren Positionen sich gar nicht wesentlich voneinander unterscheiden, kann es durchaus gelingen, eine interessante, kontroverse Diskussion zustande zu bekommen. Man muss dann nur an das, was die andere Person gesagt hat, wirklich anknüpfen und seinerseits die Gegeneinwände formulieren und alternative Gesichtspunkte erörtern wollen. Also die Dinge nach der sokratischen Methode darlegen. Das hat von sich aus schon kontroversen Charakter, schärft die Unterscheidungen und sorgt für Spannung.

Wir sind es inzwischen gewöhnt, beim Thema Reflexionsfähigkeit gleich auf die Hirnforschung zu schauen. Kann sie helfen, sich über sein Denken klar zu werden, es in Form zu bringen?

Ich nehme die Fortschritte der Hirnforschung mit großem Interesse wahr. Sie stellt uns in mancher Hinsicht vor völlig neue Einsichten. Für unser Menschenbild von Belang sind etwa die sich häufenden Befunde, dass und wie Denken und Argumentieren in der Lage sind, selbst die physiologische Architektur des Gehirns zu formen. Solche Befunde stimmen zum Teil unmittelbar mit den großen Weisheitstraditionen überein, und es ist kein Zufall, dass eine spirituelle Gestalt wie der Dalai Lama der Hirnforschung gegenüber so aufgeschlossen ist.

Macht Gehirnjogging klug?

Warum sollte man nicht zur Kenntnis nehmen, wie man sein Denkorgan durch mentale Übungen – Gedächtnistraining und so weiter – fit halten kann? Man sollte nur Gehirnjogging nicht mit Urteilsvermögen verwechseln. Das wäre dumm. Für das kluge Urteilen stehen andere Fragen im Vordergrund: Wie konzentriere ich mich so auf mein Denken, dass ich in komplexen Situationen die Übersicht gewinne, zutreffende Diagnosen stelle, die Reichweite von Argumenten abschätze und Lösungen von Scheinlösungen zu unterscheiden weiß?

Wir befinden uns in einer paradoxen Situation: Je mehr uns die Hirnforschung über die natürlichen Voraussetzungen des Denkens aufklärt, desto mehr gerät die Kultivierung der Urteilskraft in den Hintergrund.

Es sieht tatsächlich so aus, als hätte sich die Hirnforschung zur Leitdisziplin entwickelt, wenn es um Fragen des Geistes geht, um Erziehung, Lernen und

Moral oder ganz allgemein um das Selbstverständnis des Menschen.

Man muss die Verdienste der Hirnforschung gerade im therapeutischen Bereich nicht in Abrede stellen, wenn man vor der einheitlichen Weltsicht einiger ihrer Vertreter warnt. Die Frage ist doch: Wann kippen die Ideen der Hirnforscher in einen unangemessenen neurologischen Naturalismus? Das Gehirn erfährt derzeit eine kulturelle, ja mythologische Aufladung, die dieses Organ zum letzten Stützpfeiler der abendländischen Metaphysik stilisiert. Man zeigt sich fasziniert von der Aussicht, endlich mit naturwissenschaftlich gesicherten Daten sagen zu können, was uns im Innersten zusammenhält. Da ist, was die menschliche Selbstverständigung angeht, eine intellektuelle Verarmung im Gange.

Was meinen Sie mit intellektueller Verarmung?

Ich werde stutzig, wenn ich beispielsweise lese, was der renommierte Hirnforscher Christof Koch schreibt. Er erklärt: »Den Geisteswissenschaften ist es trotz oftmals heroischer Bemühungen über viele Jahrhunderte nicht gelungen, allgemein anerkannte Erkenntnisse zu entwickeln, wie die Kluft zwischen Körper und Geist, die als Leib-Seele-Problem bekannt ist, überwunden werden kann. Das Instrumentarium der Philosophen –

eine durch Introspektion angereicherte logische Argumentation – ist der enormen Komplexität und Unzugänglichkeit des menschlichen Geistes einfach nicht gewachsen. Bei der naturwissenschaftlichen Methode ist das anders. Die Methoden der Hirnforschung werden immer feiner und genauer.« Selbstverständlich werden die Methoden der Hirnforscher immer feiner und genauer. Das ist ein Segen beispielsweise für die Entwicklung neuer Therapien, um Hirnschädigungen zu heilen. Aber was folgt daraus für das Verständnis des Menschen? Die Fragen, die der Mensch sich in jeder Generation neu über sich stellt, bleiben ihm doch erhalten. Sie verschieben sich allenfalls ein wenig. Also die großen Lebensfragen: Woher komme ich? Wohin gehe ich? Was kann ich wissen? Was darf ich hoffen? Was soll ich tun?

Glaubt man im Ernst, im Labor erklären zu können, was der Wissenschaftler mit Recht die Unzugänglichkeit des menschlichen Geistes nennt? Ist es nicht eine von vornherein irrige Erwartung, hier exakte Ergebnisse nach Hause tragen zu wollen? Wie sollte etwa das zitierte Leib-Seele-Problem mit einem abschließenden Vokabular so behandelt werden, dass es »allgemein anerkannte Erkenntnisse« zeitigt? Das Nachdenken über den Menschen kommt doch über Annäherungen und, wenn man so will, Spekulationen nie hinaus. Aber deswegen ist ein solches Nachdenken ja nicht sinnlos, es ist Philosophie im eigentlichen Sinne und unentbehrlich für jeden, der nach Maßstäben für seine Lebensführung sucht. Diese Suche kann man nicht an die Hirnforschung delegieren. Seriöse Vertreter des Faches lehnen das auch ab. Sie geben nicht vor, mit Laborergebnissen Sinnfragen klären zu können.

Der Reduktionismus ist, wie man fairerweise ergänzen muss, aber keine Erfindung der Wissenschaft, sondern eine Erfindung der neuzeitlichen Philosophie. Die Idee der Einheitsmethode, wie sie Thomas Hobbes vorgetragen hat, wurde zuletzt von Wolfgang Kersting einer radikalen Kritik unterworfen. Demnach war es Hobbes, der zu einer materialistischen Psychologie und zu einer psychologistischen Ethik führte.

Möglicherweise gibt es in der öffentlichen Debatte tatsächlich eine szientistische Schieflage. Mich verwundert das Pathos der Desillusionierung, mit dem von einigen Hirnforschern behauptet wird, nicht wir, sondern das Gehirn urteile und entscheide gleichsam hinter dem Rücken des Menschen. Da wird so getan, als hätte man die große Synthese des Menschen gefunden. So wie von Descartes die Zirbeldrüse zum Sitz der Seele erklärt worden war, scheint heute »das Gehirn« eine Einheit stiften zu sollen, die in der Forschungspraxis obsolet geworden ist. Das finde ich das eigentlich Beunruhigende: dass wir unter dem Einfluss einer popularisierten, manchmal sensationalistisch aufbereiteten Hirnforschung den Reichtum lebensweltlicher Erfahrungen Stück für Stück auf ihre naturwissenschaftliche Beschreibbarkeit verengen. Und geisteswissenschaftliche oder poetische Erkenntnisstrategien als überflüssigen Ballast ansehen.

Sie sehen da eine Verdummung auf hohem Niveau unterwegs?

Ich möchte nicht von Verdummung sprechen. Aber hier und da hat man es doch mit Eindimensionalitäten zu tun, mit verengten Sehweisen, die man mit der Ironie Thomas Manns als »grenzenlos borniert« bezeichnen könnte.

… über Bildung
und Pseudowissenschaft

Sie stellen Reflexionsfähigkeit in den Vordergrund:
das Bemühen, Übersicht zu gewinnen, die Proportio-
nen zu wahren und nicht beschränkten, interessegelei-
teten Gesichtspunkten den Vorzug zu geben. Sind das
nicht nur andere Worte für »Bildung«?

Häufig werden Bildung und Ausbildung ja gegen-
einander ausgespielt, Bildung für die Persönlichkeit,
Ausbildung für den Arbeitsmarkt. Aber das ist heute
noch weniger überzeugend, als es früher schon war.
Denn da die zukünftige Gestalt des Arbeitsmarktes
offen ist, da wir zudem eine Explosion der Expertisen
haben, kommt es mehr und mehr nicht auf technische
Fertigkeiten, auch nicht auf solche des Informationser-
werbs, an, sondern auf die Fähigkeit des Einzelnen,
sich eigenständige Kategorien für die Welterfahrung
zu erarbeiten.

Ihr Wissensbegriff suggeriert eine Haltbarkeit, der viele widersprechen würden, die auf die immer schneller verfallende Halbwertszeit des Wissens verweisen.

Den Topos von der Halbwertszeit des Wissens muss man sich genau anschauen. Sind Platons Dialoge oder die Metaphysik des Aristoteles veraltet? Natürlich nicht. Sie sind heute so erkenntnisreich und aktuell wie zur Zeit ihrer Entstehung. Wer etwas anderes behaupten würde, hätte die sokratische Methode als Urform des Nachdenkens nicht begriffen.

Warum aber ist sie aktuell geblieben? Weil gründliches Nachdenken, geduldiges, ja skrupulöses Abtasten der Positionen uns viele Um- und Irrwege erspart und seine doch haltbare Geltung besitzt. Die ist freilich prinzipiell unabschließbar, das heißt eben auch immer relativ, genauer relational, in Bezug auf die jeweiligen Prämissen, die Voraussetzungen unseres Denkens. Wissen, das nicht nur Information ist, setzt eine Methode der Vergewisserung voraus. Sie lässt uns unterscheiden, welche Daten verfallen und welche noch haltbar sind. Reflektiertes Wissen wird nicht einfach von einer Saison zur nächsten ungültig, so wie Informationen über Öffnungszeiten eines Schwimmbads ungültig werden, sobald sie sich ändern. Es ist langlebig, gerade weil es reflektiert ist und vom Wissenden selbst verantwortet wird, also personalisiertes Wissen geworden ist. Darunter verstehe ich ein Wissen, das aus dem persönlichen Nachdenken entstanden ist, persönlich verantwortet wird und dadurch persönlichkeitswirksam wird, die Person also prägt und geprägt hat.

»Aus Wissen entsteht nicht Verantwortung, Ich-Stärke, Mitgefühl und kritisches Bewusstsein«, schreibt Jochen Krautz in dem Buch *Ware Bildung.* »Das kann erst entstehen, wenn das Wissen zu etwas Eigenem umgearbeitet worden ist: Bildend wirkt Wissen, für das man sich begeistert, das einem etwas bedeutet, über das man nachdenkt, das man kritisch befragt, über das man streitet, das man immer wieder im Geiste hin und her wendet.«

Wie könnte es anders sein? Bildung ist kein handliches oder prestigesicherndes Gut, über das der Bildungsbürger, in der sarkastischen Formulierung von Nietzsche, als Bildungsphilister verfügte, sondern die andauernde Anstrengung, mit der die Person die Welt erkennt, sich eine moralische Orientierung erwirbt und danach verantwortlich handelt. Erfahrungen gleicht sie dazu reflexiv, also in Rückbeugung auf sich selbst und auf vorangegangene Erfahrungen ab im Bewusstsein dessen, dass es ein abgeschlossenes Wissen, auf das sie sich einfach stützen könnte und über das sie mit anderen nicht mehr zu kommunizieren brauchte, nicht gibt. Der

Fortschritt von der Einzelinformation zum Wissen, der im Alltagsverständnis eine Zunahme an Sicherheit über das Gesagte oder Angenommene zu erreichen scheint, liegt genau im Gegenteil: Das Wissen um die Ungewissheit markiert den Erkenntnisfortschritt. Bildung ist also die Fähigkeit, mit der Ungesichertheit von Wissen umzugehen. Kants »Kritik der reinen Vernunft«, hinter die so viele aktuelle Wissensgesellschafts-Rhetoriker zurückfallen, bietet die Grundlage, von der dieses Bildungsverständnis ausgeht. Damit ist es moderner und vor allem aufgeklärter als viele der Verengungen, die mit dem Ausrufen der Wissensgesellschaft verbunden sind.

Welche Verengungen meinen Sie da?

Ich sehe sie im Zusammenhang mit dem seit den Achtzigerjahren erkennbaren Schub der ökonomischen Globalisierung. Mit diesem Schub ist die öffentliche Debatte und die beherrschende Weltsicht in fast allen Lebensbereichen durch eine bisher nicht gekannte wirtschaftlich verengte Marktradikalität geprägt. Der Vorrang des ökonomischen Prinzips einer rasch sichtbaren Effizienz und eines möglichst ungebremsten Wettbewerbs hat die Weisheit von Jahrhunderten verdrängt, dass Bildung langfristiges und gemeinsames Denken braucht, dass sie verkümmert, wenn man sie nur für vordergründige Ziele instrumentalisiert, dass mit der Geringschätzung zweckfreier Neugier kostbare Erkenntnisquellen versiegen, die uns in Zukunft unerwartete und unentbehrliche Dienste leisten können. Vor 25 Jahren waren die Islamwissenschaften an den Universitäten ein »unnützes«, sogenanntes Orchideenfach. Heute blühen sie überall, weil Wissen über den Islam allenthalben auch praktisch gefragt ist. Dies zeigt: Wir wissen heute nicht, was wir in 25 Jahren wissen müssen.

Sie fordern, die Bildung ins Zentrum der Überlegungen zur politischen Gerechtigkeit zu stellen. Das klingt gut. Aber was heißt das konkret?

Bildung ist in aller Munde: Alle fordern sie, möchten sie verstärken, reformieren, ausweiten. Manche rufen die Bildungsrepublik Deutschland aus, andere veranstalten Bildungsgipfel, doch der Zusammenhang des Themas zu Fragen der Gerechtigkeit bleibt unterbelichtet. Die Zahl der Schüler ohne Abschluss – 80 000 pro Jahrgang – ist ebenso alarmierend wie der schon jetzt sichtbare Fachkräftemangel, der eines unserer größten Zukunftsprobleme darstellt. Schreiend ungerecht ist aber vor allem die soziale Selektion der Bildungschancen. Mehr als irgendwo sonst in Europa hängt bei uns in Deutschland die Chance für gute Bildung an der sozialen Herkunft. Das dreigliedrige Schulsystem selektiert zu früh und zu hart. Es gibt zu wenige Lehrerinnen und Lehrer und zu große Klassen. Im Pisa-Vergleich schneiden wir – trotz gradueller Verbesserungen – nicht gut ab. Die Zahl der Hochschulabsolventen reicht für die Zukunftsaufgaben Deutschlands nicht aus, bei der Finanzierung von Bildung und Wissenschaft liegen wir im europäischen Vergleich im unteren Drittel. Diesen Trend haben wir auch keinesfalls umgekehrt, seit wir Bildung zum alles überragenden Schlagwort gemacht haben: Gemessen an der Wirtschaftskraft unseres Landes sinken die staatlichen Ausgaben für Schulen und Hochschulen, wie der jüngste Bildungsfinanzbericht alarmierend gezeigt hat: Angeblich ist an allem unser Föderalismus schuld, und natürlich, dass wir nicht genug Geld haben. Ich behaupte, der Grund für die viel zu niedrige Priorität, die wir der Bildung einräumen, ist ein anderer: Bildung ist zwar ein Schlagwort, das gerne angeführt wird, aber wenige halten sie für wirklich wichtig. Jedenfalls nicht in ihrer umfassenden und unverzichtbaren Bedeutung: als nicht nur Fach-, sondern vor allem Persönlichkeitsbildung, an der jeder sein Leben lang arbeitet, in der die Person ihre Fähigkeiten, ihre Verantwortung, ihre eigenständige Urteilskraft in Auseinandersetzung mit der Welt und mit Blick auf das Gemeinwesen so gut wie möglich entwickelt.

Und diese Bildung erwerben wir nicht allein wie Robinson auf der Insel – wo er immerhin seinen Freund Freitag dabei hatte –, sondern zusammen mit anderen, mit denen wir in Konflikt geraten, aber auch Aufgaben gemeinsam lösen können, mit denen wir uns deshalb über die Regeln des Zusammenlebens – im Betrieb wie im Gemeinwesen – verständigen und einigen müssen. Bildung als Entwicklung der Individuen mit ihren je eigenen intellektuellen und emotionalen Fähigkeiten, als Vorbereitung auf ein aktives Bürgersein mit Verantwortung für das Gemeinwesen, als Veranstaltung, die allen ihre Chance gibt, die die Inklusion aller in das Gemeinwesen praktiziert, anstatt ihr Augenmerk auf die Auslese weniger zu richten, eine solche Bildung findet jedenfalls in den meisten Chefetagen unserer Verantwortungsträger keine engagierten Anhänger.

Ist das jetzt nicht zu pauschal gesehen?

Nein, die Tendenz ist unverkennbar. Bildung wurde in den letzten zwanzig Jahren zunehmend und fast ausschließlich als nützliches Instrument für die Stärkung des Wirtschaftsstandorts Deutschland und Europa gepriesen und begründet. Der ganze Bologna-Prozess beruft sich auf nichts anderes. Ganz logisch wurde Bildung damit auf eng fachspezifisches, möglichst schnell und sichtbar verwertbares Wissen reduziert und ihre

Leistung an ökonomischen Kriterien gemessen. Ökonomisch heißt hier: Im Sinne der neuzeitlichen Rationalität, wie Max Weber sie beschreibt: Effizienzsteigerung mit möglichst wenig Mitteln: Schnell und zielgerichtet von A nach B kommen, keine Umwege, keine Fehler, kein Liebeskummer. Je kürzer die Schulzeit und das Studium, desto besser, je mehr Drittmittel, desto forschungsstärker, je enger mit der Wirtschaft verbunden, desto exzellenter. Soziales oder politisches Engagement in der Mitverwaltung von Schule oder Hochschule, das Sammeln künstlerischer Erfahrungen, geduldiges Nachdenken ohne verwertbares Ergebnis, überhaupt komplizierte Zusammenhänge ergründen, die sich nicht in zwei Sätzen zusammenfassen lassen, Scheitern zugeben und verarbeiten, was untrennbar zu Kreativität und Innovation gehört – all das können wir uns in der schönen neuen Welt der Bildung nicht mehr leisten. Wir hasten von Output zu Output und müssen immer in Höchstform sein. Philosophie – die es nach Odo Marquard besonders gut aushält und praktiziert, Fragen zu stellen, auf die es keine eindeutige und vor allem keine endgültige Antwort gibt – wird dabei dysfunktional, überflüssig, ihre Professuren werden gestrichen. Dass damit eine Kultur der Begründung verkümmert, ohne die eine Demokratie auf Dauer zur leeren Hülle wird und ihre substanzielle Gemeinsamkeit verliert, fällt so lange nicht auf, wie alles zu laufen scheint.

Die gegenwärtige weltweite Finanzkrise bietet eine Chance, die jahrelange geradezu barbarische Reduzierung der Bildung durch eine neue Nachdenklichkeit zu überwinden. Wenn uns das nicht gelingt, zeigen wir, wie unwichtig uns Bildung in Wirklichkeit ist, trotz allen öffentlichen Geredes.

Legt man Ihre Prämissen zugrunde, müsste dann nicht auch das Verhältnis zwischen Leistung und Wettbewerb, wie es sich bei uns eingespielt hat, neu durchdacht werden? Wollen Sie bestreiten, dass Leistung am zuverlässigsten durch Wettbewerb entsteht?

Es ist ein Fehler, den Wettbewerb zum einzigen Motor und zugleich verbindlichen Maßstab von Bildung zu machen. Leistung zeigt sich dann – ohne dass man weiter nachdenken oder argumentieren muss – in Rankings. Wer auf Nummer eins steht, muss einfach grandios, nein, natürlich exzellent sei. Und wenn man sich von Nummer 44 auf Nummer 27 hochgearbeitet hat, ist man definitiv auf dem richtigen Weg. Eigenes Nachdenken über die Sache selbst, Descartes' bereits zitierter Spruch, dass an allem zu zweifeln sei – »de omnibus dubitandum« –, der traditionelle Imperativ aller Wissenschaft, erübrigt sich. Ich fühle mich am wohlsten, wenn ich besser bin als alle anderen oder wenigstens zu den zehn Besten gehöre, von der Schule bis zur Hochschule. Mein Selbstwertgefühl steigt, je schlechter die anderen sind, denn nur daran misst es sich ja. Dass in einem solchen Klima kein Vertrauen gedeihen kann, liegt auf der Hand. Ob in der Schule, im Unternehmen oder zwischen den Banken: Gemeinsamkeit des Handelns ist allenfalls im Team gegen andere angesagt, um zu gewinnen, nicht wegen einer dringlichen und womöglich alle einigenden Aufgabe wie dem Klimaschutz, nicht im Dienst eines Werkes, das so langfristig angelegt wäre, dass es erst der übernächsten Generation und nicht dem Ranking von morgen zugute käme. Apfelbäume zu pflanzen, macht hier wenig Sinn. Für gute Bildung zu sorgen aber heißt, Apfelbäume zu pflanzen. Darum geht es in der gängigen politischen Forderung nach Nachhaltigkeit.

Verstehe ich Sie richtig, dass es auch persönliche Vorlieben und Wertentscheidungen sein könnten, die die Chance bieten, aus schieren Informationen Bildung werden zu lassen? Wie passt das zum Begriff der reinen Wissenschaftlichkeit?

Eine solche Reinheit gibt es nicht. Es gibt keine rein wissenschaftlichen Kriterien. Sie führen immer wertende, normative Annahmen mit. Auch Max Weber war nicht der Apostel der Wertfreiheit, zu dem er hier und da gemacht wird. Er wollte lediglich die unvermeidlichen Wertentscheidungen sichtbar machen und gerade nicht als wissenschaftlich begründbar ausgeben. Sie fließen ja schon in die jeweilige Formulierung jeder wissenschaftlichen Fragestellung ein. Werden sie bewusst verschleiert, ist das eher ein Indiz, dass wir es mit Pseudowissenschaft statt mit Wissenschaft zu tun haben.

Ist der Begriff der Pseudowissenschaft robust genug, dass er eine klare Definition erlaubt?

Pseudowissenschaft wird oft als politischer Kampfbegriff missbraucht und unterscheidet nicht zuverlässig genug echte von unechter Wissenschaft. Da ist sicher etwas dran. Aber wenn wir uns die wissenschaftliche Attitüde anschauen, mit der der Kreationismus die Evolutionstheorie angreift, dann haben wir eine gute Vorstellung von dem, was wir meinen, wenn wir den vielleicht unzureichenden Begriff der Pseudowissenschaft ins Feld führen. Kreationisten, die die Bibel als Biologiebuch auslegen möchten, sind Pseudowissenschaftler. Umgekehrt gibt es einen überzogenen Evolutionismus, der nicht minder pseudowissenschaftlich auftritt, wenn er behauptet, für die meisten Aspekte des menschlichen Lebens eine möglichst wasserdichte naturwissenschaftliche Erklärung parat zu haben. Manche Wissenschaftshistoriker scheuen sich bei aller begrifflichen Vorsicht nicht, von einer »organisierten Pseudowissenschaft« zu sprechen.

Das klingt jetzt aber etwas verschwörungstheoretisch.

Da geht es nicht um Verschwörungstheorien, sondern leider um wirkliche Erfahrungen. Ich zitiere den Züricher Wissenschaftsforscher Michael Hagner, der genau sagt, was er unter organisierter Pseudowissenschaft versteht: »Wenn Wissen und Erkenntnis danach bemessen werden, wie nützlich, anwendbar, verwertbar, übertragbar sie sind; wenn ›campus capitalism‹ (Daniel S. Greenberg) zur Leitmaxime der universitären Organisation wird; wenn in einem kurzen Zeitraum Zitationsindices und internationale Rankinglisten von Universitäten zum entscheidenden Kriterium von forschungsstrategischen Entscheidungen werden; wenn das Verhältnis von Lehrenden und Studierenden unter dem Sternzeichen von Bologna zum Verhältnis von Dienstleistern und Kunden degeneriert; wenn jede Denkanstrengung erstens unter Zeitdruck und zweitens unter einem Nützlichkeitspostulat steht; wenn die wissenschaftliche Praxis zunehmend derjenigen eines Tauschgeschäfts entspricht, das nach dem Muster funktioniert: Ich evaluiere und werde evaluiert beziehungsweise ich sitze im Beirat einer Institution, deren Mitglieder im Beirat meiner Institution sitzen (nach dem Vorbild der Aufsichtsräte in der Wirtschaft); wenn das alles zum bestimmenden Merkmal der Wissenschaften wird, dann laufen sie nicht nur Gefahr, ihre kognitive und institutionelle Autonomie preiszugeben, sie drohen auch zur organisierten Pseudowissenschaft zu werden, oder genauer: Sie nehmen zunehmend Eigenschaften dessen an, was in der Vergangenheit als Pseudowissenschaft gebrandmarkt worden ist.«

Eine, wie ich finde, sehr zutreffende Beschreibung des pseudowissenschaftlichen Elends der Hochschulen.

Es wird viel – Sie würden im Gegenteil sagen: viel zu wenig – von der Verelendung der Bildung und einer gefährlichen Neoliberalisierung der Hochschulpolitik gesprochen. Wird da bisweilen nicht auch mächtig übertrieben?

Die Lage ist tatsächlich höchst problematisch, und politische Bemühungen, sie zu verbessern, erweisen sich in aller Regel als kontraproduktiv. Mit der angeblichen Modernisierung, angestoßen durch den Bologna-Prozess, ist eine Entwicklung in Gang gekommen, die uns geradewegs zur Ökonomisierung der Hochschulen führen wird, wenn wir nicht aufpassen. Bologna zielt auf die Umwandlung der herkömmlichen Diplom- und Magisterstudiengänge in den Bachelor- und den Master-Abschluss. Erreicht werden soll die internationale Vergleichbarkeit von Leistungen, die die Internationalisierung – etwa ein Studium im Ausland – fördern soll. Diesem Ziel stimme ich vollkommen zu. Aber als Begründung für die Bologna-Entscheidung wird angegeben, dass sich die Absolventen europäischer Hochschulen gegenüber amerikanischen Konkurrenten besser am internationalen Arbeitsmarkt behaupten. So weit, so gut, oder eben auch nicht. Denn die Uni wird jetzt als Wirtschaftsbetrieb betrachtet, ihr Produkt, das an den Mann beziehungsweise an die freie Wirtschaft gebracht werden soll, ist der Student.

Studiengebühren – also die Tatsache, dass man für die Bildung bezahlt – erscheinen da als ein logisches Erfordernis des Systems.

Nein, ich bin explizit gegen Studiengebühren, weil sie die soziale Ungleichheit noch verschärfen. Die Tochter eines Akademikers bezahlt gerne für das Studium, weil sie weiß, dass es sich am Ende auszahlt. In einer Handwerkerfamilie mag es dieses Bewusstsein nicht geben, und deswegen schreckt der Sohn womöglich vor den mit Studiengebühren verbundenen Schulden zurück. Studiengebühren machen die Studierenden zu Kunden, die für eine Dienstleistung bezahlen. Einmal mehr wird die Universität zum Unternehmen, zum Wurmfortsatz der Wirtschaft umstrukturiert.

Um dieses System zu etablieren, werden ganz unsägliche Reden geschwungen, die sich über die dringende Notwendigkeit auslassen, Leistung zu steigern. Aber welche Leistung soll denn hier gemeint sein? Bildung lässt sich nicht mit betriebswirtschaftlichen Instrumenten verbessern. Ganz im Gegenteil, dann bleibt sie nämlich mit Sicherheit auf der Strecke. Wenn gegenwärtig die Aufgabe von Hochschulen diskutiert wird, dann ganz überwiegend unter dem Aspekt ihres Beitrags für die wirtschaftliche Entwicklung. Angesichts der seit Jahren grassierenden Arbeitslosigkeit und der Erfahrung, dass Bildung und Ausbildung die besten Chancen bieten, die Arbeitslosigkeit zu verringern und die Wirtschaft anzukurbeln, ist diese Zielbestimmung sehr verständlich. Und doch glaube ich, dass die Beschränkung auf allein diese Gesichtspunkte überwunden werden muss, weil eine solche Sicht auf Hochschulen zu einer kulturellen Verarmung führt und die umfänglichere Perspektive der Aufgaben von Bildung und Ausbildung in einer freiheitlichen und demokratischen Weltgesellschaft vernachlässigt.

Das klingt wie Nachrichten aus einer anderen Zeit. Die Uni ist doch längst nicht mehr der Elfenbeinturm, als der sie einst gegolten hat – oder wie Flaubert an Iwan Turgenjew schrieb: »Ich habe immer versucht, in einem Elfenbeinturm zu leben, aber ein

Meer von Scheiße schlägt an seine Mauern, genug, ihn zum Einsturz zu bringen.«

Ich möchte den Elfenbeinturm hier als Ort verstanden wissen, an dem kritische und freie Forschung betrieben werden kann, und der darf nicht einstürzen.

Gleichzeitig müssen die Bewohner des Turms aber doch einsehen, dass es um sie herum auch noch eine Welt gibt, mit der sie es vermehrt aufnehmen müssen. Das ist ja nicht nur negativ.

Die Hochschule ist von der Gesellschaft gefordert und gefragt, aber sie darf sich nicht einer blinden Anpassung hingeben. Universitäten bedürfen heute einer anderen Organisationsform als in früheren Zeiten. Sie müssen künftig mehr Rechte bekommen, um eigenverantwortlich Strukturen und Lehrangebote zu entwickeln und sich Personal und Studierende in eigener Regie auszusuchen. Sie müssen das Recht haben, finanzielle Mittel, die sie durch Einsparungen oder Einnahmen erwirtschaften, auch zu behalten und für den Ausbau des Studienangebots einzusetzen. Zudem brauchen sie Planungssicherheit und müssen davor geschützt werden, dass alle drei Monate Haushaltssperren ihr Budget verändern. Klar ist: Die Hochschulen können sich mental nur selbst am Schopf aus dem

Sumpf ziehen, denn Hilfe von außen ist nicht zu erwarten.

Sie meinen also, dass die bildungspolitischen Bemühungen, eine Exzellenz- und Eliteförderung auf den Weg zu bringen, am Wesentlichen vorbeilaufen?

Die Verwendung der Begriffe Exzellenz und Elite sind mir in der gegenwärtigen Diskussion regelrecht lästig geworden. In der Debatte um Elite-Universitäten habe ich stets zu zeigen versucht, dass es einen Unterschied zwischen der unreflektierten Forderung nach Elite und der systematischen Förderung von Spitzenleistungen gibt. Der Begriff Spitzenleistung ist mit dem Gleichheitsgedanken der Demokratie gut verträglich, weil damit gemeint ist, alles an Talenten zu entwickeln, die eigenen Fähigkeiten auszureizen und auf diese Weise auch in der Gesellschaft Höchstleistungen zu erbringen. Spitzenleistung ist nicht im Sinne einer Forcierung des Wettbewerbs und des Wegdrängens anderer gedacht. Dass wir leisten sollen – für uns selbst und für die Gesellschaft –, das steht für mich überhaupt nicht infrage. Ich sehe nur nicht, dass allein die Finanzen zu einer Entscheidung zwischen Elite- und Massenausbildung zwingen. Aus der Bildungsgeschichte wissen wir schließlich, dass wir eine breite Ausbildung brauchen, sonst haben wir am Ende auch keine Elite mehr. Wenn mit der Forderung nach Spitzenuniversitäten gemeint ist, dass sich in Deutschland möglichst alle Institutionen dem ihnen jeweils angemessenen Gedanken der Exzellenz verpflichten und daran auch hart arbeiten – dann kann ich diesem Begriff voll und ganz zustimmen.

In der Exzellenz-Debatte geht es ja auch immer wieder um die Frage eines möglichst effizienten Zeitmanagements der Studiendauer: je schneller, desto besser.

Das ist das Absurde. Man braucht sich doch nur die Lebensläufe der hoch anerkannten und angesehenen Leute anzuschauen, um zu sehen, dass Denkarbeit einfach Zeit braucht und mitunter auch Umwege gehen kann, bis sie zum Ziel kommt. Viele haben mehrfach ihr Studium geändert, lange studiert, den Beruf gewechselt, fast alle Studienstiftler – Studierende, die von der Studienstiftung des deutschen Volkes gefördert werden und unzweifelhaft zu einer Elite gehören – sind Langzeitstudenten, und fast alle Professoren waren Langzeitstudenten. In dieser Idee, dass man, wenn man gut ist, alles ganz schnell hintereinander wegkriegt, liegt eine ganz fatale Überheblichkeit. Man kann nicht immer alle Dinge richtig einschätzen. Schon gar nicht mit Anfang zwanzig. Viele hängen dann auf einmal in einem Studium, das ihnen gar nicht liegt, und bringen es dann nur noch mit einer »Augen zu und durch«-Taktik zu Ende. Das ist vertane Lebenszeit. Sich umentscheiden, einen anderen Weg gehen, einen Weg, der einem besser entspricht als der bereits eingeschlagene, erfordert Mut. Die Leute, die ihn aufbringen, können häufig ihre Stärken und Schwächen viel besser einordnen, können viel besser wissen, was gut für sie ist und was nicht.

Es gibt doch keinen vorgegebenen Lebensplan, in dem man einfach nur ein Ziel anpeilen muss, und dann ist alles gut. Die Verpeilten kommen auch ans Ziel und haben dabei nicht selten mehr von ihrer Zeit gehabt. Man muss Fehler machen können und davor nicht verschreckt und verschüchtert den Kopf einziehen. Leider darf man in vielen Zusammenhängen gar nicht zugeben, dass man einen Fehler gemacht hat. Dieser Umgang mit Fehlern und Scheitern ist leider einfach oft innovationsfeindlich.

Wie haben Sie sich in Ihrer langjährigen Funktion als Präsidentin der Viadrina mit dem Problem radikaler Verwirtschaftlichung der Hochschulen auseinandergesetzt?

An der Viadrina haben wir – die Kolleginnen und Kollegen aus der Professorenschaft, die Verwaltung und die Studierenden – die Umwandlung in eine Stiftungsuniversität betrieben. Aber nicht so, dass die Hochschule nach dem Vorbild eines Unternehmens nach dem Top-down-Prinzip gestaltet wird. Ich habe im Stiftungsrat der Viadrina, soweit meine Ideen reichten, auf ein ausgewogenes, den Strukturen der Universität adäquates Verhältnis der Mitglieder geachtet. Da sitzt von neun Mitgliedern ein Vertreter der Wirtschaft. Einer repräsentiert die Universität, einer das Ministerium, und die restlichen Personen kommen aus Wissenschaft oder Wissenschaftsmanagement, Kultur und internationaler Politik. Sie fühlen sich der Wissenschaft verpflichtet und legen nicht nur Wirtschaftlichkeitskriterien an. Es ist auch wichtig zu wissen, dass der Staat in der Viadrina weiter repräsentiert ist, indem er einen Vertreter in das Kontrollgremium der Stiftung entsendet. Doch über zahlreiche Fragen – von Personal und Anschaffungsentscheidungen bis zum Liegenschaftsmanagement – entscheidet die Hochschule selbst. Die Finanzierung des laufenden Betriebs erfolgt privat und öffentlich: Das Land Brandenburg garantiert den Löwenanteil des Haushalts, parallel dazu sorgen Einnahmen aus dem Stiftungsvermögen, das durch private Zustiftungen kontinuierlich wachsen soll, dafür, dass die Hochschule neue und weitere Aufgaben wahrnehmen kann.

Wie muss man sich Ihren Start an der Viadrina vorstellen? Mit welchen Problemen haben Sie es zu tun bekommen?

Als ich 1999 Präsidentin an der Viadrina wurde, war vor allem problematisch, dass damals sehr viel über Drittmittelfinanzierung lief. Aber Drittmittelfinanzierung kann eine Universität auf die Dauer nicht sichern. Das zweite Dilemma war, dass Frankfurt an der Oder nicht als besonders attraktiv galt, was sich inzwischen in vielerlei Hinsicht geändert hat. Mir war auch völlig klar, dass sich die Anfangseuphorie für eine deutsch-polnische Institution nicht ewig halten würde. Meine Analyse im Jahr 2000 war: Diese Universität muss allein als wissenschaftliche Institution so attraktiv sein, dass junge Leute genau dorthin wollen. Ihnen muss etwas geboten werden, das sie nirgendwo anders bekommen. Ich habe dann – neben der Interdisziplinarität und im Einklang mit der Gründungsurkunde der Viadrina – auf Internationalität und Mehrsprachigkeit gesetzt. Mehrsprachigkeit von Studiengängen haben wir sonst nirgends in Deutschland.

Der zweite Schritt bestand darin, für die Internationalisierung des Lehrkörpers zu sorgen, also Franzosen, Briten, Polen und Deutsche ins Boot zu holen. Es ging mir ganz konkret um den Dialog zwischen den europäischen Wissenschaftskulturen. Die unterscheiden sich nämlich in den europäischen Ländern sehr voneinander. Im Übrigen war die Viadrina eine Art Praxisprojekt für mich. Ich hatte mir vorgenommen, hier meine demokratietheoretischen Vorstellungen umzusetzen. Diese neunjährige Präsidentschaft hat mich wirklich bis an meine Grenzen geführt. Dabei habe ich eine ganze Reihe von Widerständen kennengelernt. Die kamen zunächst nicht von innerhalb der Universität, sondern von außen. Einmal wegen der zugrunde liegenden Idee, die Universität auf die Basis einer internationalen Stiftung zu stellen, und dann, weil ich vom Bund Geld haben wollte, nämlich 50 Millionen Euro. Auch Frankreich und Polen sollten an der Finanzierung beteiligt sein. Der Plan war, durch den Zinsertrag des Stiftungsvermögens den Haushalt zu erhöhen, um eine stabile, erwartungssichere Lage zu erreichen, damit wir uns nicht ständig nach anderen richten mussten, sondern selbst entscheiden konnten.

Sie haben in den Studiengängen das Prinzip der Mehrsprachigkeit eingeführt. Was hat es damit auf sich?

Das war vor allem der Versuch, eine ganz neuartige Form der allgemein angestrebten Internationalisierung zu wagen. Denn üblicherweise prägt sich die universitäre Internationalität in erster Linie als Wanderzirkus von Studierenden aus, in geringerem Umfang auch von Lehrenden und Forschern. Dominiert wird diese Form des internationalen Austauschs durch Englisch als internationale Fachsprache beinahe aller Wissenschaften. Was dabei oft nicht bedacht wird, ist, dass die jeweilige Landessprache eng verwurzelt ist in der Wissenskultur und den Denktraditionen eines Landes. Versucht man, alle Kommunikation über das Englische laufen zu lassen, stellt sich automatisch eine Verkürzung der Inhalte ein. Die Brückensprache kann nie auch nur annähernd das leisten, was die eigene Sprache auszudrücken imstande ist. Das bedeutet einen unschätzbaren Verlust von kultureller Qualität und Prägnanz. Gerade darin aber liegt meiner Auffassung nach die Stärke einer spezifisch europäischen Bildung. Es geht nicht nur um formale Sprachkompetenz, sondern auch um kulturelle Kenntnis und Empathie, um die Fähigkeit, sich in andere Kulturen einzufühlen, sich in ihnen auszukennen und dort tief reichende persönliche Bindungen einzugehen. Deswegen besteht an der Viadrina der Ansatz darin, verschiedene Sprachen in die Studiengänge zu integrieren. Derartig konzipierte Studiengänge können zu einem wichtigen Nukleus für die Entstehung einer europäischen Identität sein.

Wenn Sie einem bildungspolitischen Laien Chancen und Risiken der Universitätsidee im 21. Jahrhundert erklären sollten – wo würden Sie beginnen?

Ich würde zunächst folgenden Punkt herausstreichen: Die Universität muss ein Ort freier, nicht von vornherein anwendungsorientierter Wahrheitssuche bleiben, über die die Wissenschaft einen von außen unbehelligten Konsens finden können muss. Ohne sie verliert die Universität die Basis ihrer Qualität, ihrer Autorität, ihrer Vertrauenswürdigkeit und damit letztlich auch ihrer gesellschaftlichen Nützlichkeit. Zugleich liegt eine besonders große Herausforderung darin, die Einzelerkenntnisse innerhalb des Kosmos der Wissenschaften und zwischen Wissenschaft und Welt wieder miteinander zu verknüpfen. Wo versteht eine Philologin noch eine Chemikerin, wo ein Physiker noch einen Japanologen, wo eine Politikerin noch eine Ärztin oder ein Unternehmer noch einen Universitätsprofessor?

Eine zentrale Aufgabe von Universität besteht deshalb darin, diese gegenseitigen Abschottungen und Sprachlosigkeiten zu überwinden. Ohne sie sind die akademische Freiheit und die gesellschaftliche Glaubwürdigkeit von Universitäten nicht zu bewahren.

Das hat Konsequenzen für Umfang und Gestalt universitärer Ausbildung. Welche?

Alle, die darüber gründlich nachdenken, erkennen, dass wir zum Erhalt freiheitlicher Gesellschaften einer breiten Schicht sehr gut Ausgebildeter und zugleich Gebildeter bedürfen, die sich in einer zunehmend unübersichtlichen Arbeits- und Lebenswelt orientieren und verständigen können. Dazu werden mehr und mehr Fähigkeiten zur Verknüpfung zwischen den Fächern, also Kompetenzen der Methode und der Urteilsfähigkeit verlangt. Diese Kompetenzen erwirbt man an der Hochschule nicht einfach durch Büffeln oder Wiederholen (das ist auch nötig!), sondern durch forschendes, kommunikatives Lernen. Ob in der Biologie oder in der Rechtswissenschaft, in der Physik oder in der Soziologie: Es gibt heute selbst für das Grundstudium nicht mehr wie noch vor fünfzig Jahren überschaubare eindeutige »Canones«, die die Studierenden sich einfach aneignen und auf die sie dann sicher aufbauen könnten. Hier gilt es, fair zu sein gegenüber den Jungen, die im Studium mit viel größeren intellektuellen und auch psychischen Herausforderungen konfrontiert sind als wir, die wir in den Fünfziger- und Sechzigerjahren – noch dazu mit sicherer Aussicht auf einen Arbeitsplatz – studiert haben.

Der ehemalige Bundesverfassungsrichter Ernst-Wolfgang Böckenförde hat offen dargestellt, wie viel geringer im Vergleich zu heute die Anforderungen waren, denen er und sein Jahrgang sich im Examen stellen mussten. »Als ich mich 1953 auf das Examen vorbereitete, gab es gerade einen Band Entscheidungen des Bundesverwaltungsgerichts und einen Band Entscheidungen des Bundesverfassungsgerichts. Heute sind es für jedes Gericht mehr als neunzig Bände.« Seine Devise für die universitäre Juristenausbildung ist: »Weniger büffeln, mehr begreifen.« Gilt das nicht im Prinzip für alle Fächer?

Auf alle Fälle. Das unvermeidliche Stück Willkür in der Auswahl der Themen, das auch vermittelt werden muss, wenn wir zu Methodensicherheit und Urteilsfähigkeit ausbilden wollen, kann nur vor dem Effekt der Beliebigkeit und der verwirrenden Sinn- und Ortlosigkeit für die Studierenden bewahrt werden, wenn die Lehrenden mit dem ganzen Register ihrer Person für die wissenschaftliche Kommunikation zur Verfügung stehen. Nur dann bieten sie auch den persönlichen Halt, der in der theoretischen Bodenlosigkeit trägt, in die jede ehrliche wissenschaftliche Arbeit führt, also in die Infragestellung von scheinbar Sicherem und Vertrautem. Dieser komplexe Zusammenhang zwischen der gleichzeitigen unendlichen Zunahme von Wissen und Nichtwissen, zwischen dem Kompetenzerwerb und der psychischen Verunsicherung, zwischen dem quantitativen Wissensprogress und der Schwierigkeit der qualitativen

Einschätzung, das heißt der verantwortlichen Beurteilung und Anwendung, kann nicht genug unterstrichen werden. Nur wenn es uns gelingt, ihm gerecht zu werden, können wir unseren Dienst an der Gesellschaft und an der nachfolgenden Generation tun, sie zu intelligenten, kenntnisreichen, verständigen und urteilsfähigen Menschen und Bürgern bilden.

Eine solche Ausbildung kostet Geld. Dass die deutschen Hochschulen chronisch unterfinanziert sind, weiß jeder. Woher in Zeiten hoher Schuldenberge das Geld nehmen?

Immer mehr schält sich heraus, dass nicht private Neugründungen, wohl aber private Teilfinanzierungen der staatlichen Hochschulen vonnöten sind. Vorgeschlagen werden folgende prinzipielle Möglichkeiten: Einbeziehung von Drittmitteln oder Spenden, Einnahmen aus Stiftungen (wofür das Stiftungsrecht gerade begünstigend geändert wurde), Mobilisierung privaten Kapitals für Anlageinvestitionen, Vermarktung von wissenschaftlichen und anderen Dienstleistungen der Hochschule sowie finanzielle Beteiligung der Studierenden an den Kosten des Studiums. Außer den Studiengebühren, deren negative Folgen sich schon nach deren Einführung in einigen Ländern gezeigt haben, kommen alle Vorschläge meiner Ansicht nach in Betracht, aber sinnvoll sind sie nur in einer durchdachten Zusammenstellung. Wenn man im Übrigen die Steuereinnahmen verringert, mit Konsequenzen insbesondere für die Länderhaushalte, dann muss man sagen, woher das nötige Geld für die öffentlichen Aufgaben kommen soll. Wer die privaten Einkünfte zur Ankurbelung der Kaufkraft geringer besteuern will, sollte zugleich dafür sorgen, dass ein Anreiz dazu besteht, ihre Verwendung in die Unterstützung öffentlicher Aufgaben zu lenken.

In der Hochschule kann man durch gründliche disziplinäre wie disziplinierte Arbeit und zugleich durch offene Kommunikation über die Fächergrenzen hinweg dazu beitragen, dass diese Gesellschaft ihre Freiheit nicht an angebliche Sachzwänge verliert, sondern gestaltet: Indem sie die Voraussetzungen ihrer Existenz gründlich und systematisch immer erneut prüft, sich nach innen wie nach außen an das Prinzip gegenseitiger Verständigung hält, die intellektuellen sozialen und psychischen Spaltungen zu überwinden hilft, also die Sprachen der »anderen« zu verstehen und zu sprechen lernt. Damit trägt sie dazu bei, das Band immer erneut zu knüpfen und zu stärken, das Menschen trotz aller Interessengegensätze, trotz aller Differenzierungen, Differenzen und Individualisierungen zusammenhält. Auf solche gegenseitige Verständigung und phantasievolle Zusammenarbeit ist die persönliche wie die politische Freiheit angewiesen, die in unseren Hochschulen nach wie vor eine mächtige Inspiration erfahren kann.

Hat Mehrsprachigkeit als hochschulpolitisch verankertes Bildungsziel nicht etwas Antiquiertes? Gerät man da nicht ins Hintertreffen, was die Anglikanisierung der Wissenschaftswelt angeht?

Überhaupt nicht. Aus meiner Sicht ist Mehrsprachigkeit, ist die Existenz verschiedensprachiger Wissenskulturen, die auch einen interkulturellen Dialog einschließt, ein Wert an sich, der in der Wissenschaft stärker zur Kenntnis genommen, gefördert und genutzt werden sollte. Die Anglikanisierung der Wissenschaftswelt fungiert inmitten des breiten Fächers an Sprachen und Kulturen nur als ein Notbehelf, der Kommunikation und Verständigung möglich machen soll. Das ist auch gut und sinnvoll, solange man im Blick behält, dass damit immer Reduktionen an Vielfalt, Ausdrucksfähigkeit und letztlich an nicht nur sprachlicher Kreativität verbunden sind. Wissenschaft kann und darf nicht die Aufgabe haben, die kulturelle Vielfalt auf unserer Erde in eine durch das Englische geprägte undifferenzierte Weltkultur einzuschmelzen, denn dies würde eine Verengung unseres kulturellen Reichtums, einen Verlust an Farbigkeit bedeuten. Die Wissenssoziologie und auch die Wissenschaftsgeschichte haben gezeigt, dass wissenschaftliche Fragestellungen und Problemlösungen immer in einem bestimmten kulturellen, sprachlichen und sozialen Kontext entstehen, der dann Forscher zu unterschiedlichen methodischen und inhaltlichen Fragen und Themen anregt. Eine Vereinheitlichung der Sprache würde damit auch eine Vereinheitlichung von Fragestellungen implizieren und damit letztlich eine Reduzierung potenziell vorhandener Perspektiven auf Probleme.

Die Vielfalt der Perspektiven aber ist für mich ein Grundbefund von Leben und kulturellem Reichtum. Was ich damit sagen möchte: Der begriffliche Schatz, der in verschiedenen Sprachen steckt, wirkt sich auch unvermittelt produktiv auf wissenschaftliche Problemstellungen aus. Stellt man nun – zum Beispiel anhand der Viadrina gedacht – die spezifischen französischen, deutschen und polnischen Perspektiven auf ein konkretes wissenschaftliches Problem nebeneinander, könnte dies zu neuen und kreativen Lösungen führen, die in den bisherigen, national geprägten Wissenschaftskulturen nicht denkbar waren. In der Lehre haben viele Kollegen dies etwa für gemeinsame Seminararbeiten von Polen und Deutschen schon mit großem Erfolg ausprobiert. Europa hat in Bezug auf die Mehrsprachigkeit in der Forschung einen einzigartigen Standortvorteil, und es sollte versuchen, aus dem

Reichtum der Mehrsprachigkeit und der Mehrkulturalität stärker zu schöpfen, gerade für Forschungsfragen.

Aber wie soll Wissenschaft international Bedeutung erlangen, wenn sie nicht auf Englisch publiziert? Wie anders will man die Wirksamkeit deutscher Wissenschaftler im internationalen Kontext sichern?

Einig sind wir uns alle darin, dass wir die deutsche Präsenz auf der internationalen Bühne erhöhen wollen. Als Indikator für den Erfolg deutscher Wissenschaft werden häufig internationale »citation indices« herangezogen, die dann zum Maßstab aller Dinge werden. Ich habe nichts dagegen, sich an diesen internationalen Qualitätsmessungsinstrumenten zu orientieren. Nur kann eben das Schielen auf diese amerikanisch geprägten Referenzwerke auch dazu führen, dass deutsche Wissenschaftler Fragestellungen übernehmen, die gar nicht ihre originären sind, die vielleicht auch für andere Teile der Welt gar nicht so wichtig sind, weil sie nun einmal in einem bestimmten soziokulturellen Milieu entstanden sind, das nur bedingt Bedeutung für unseren Kontext hat. Unter diesem Aspekt, dass man für die Herstellung von relevanten Fragestellungen und auch für das Ausnutzen der Kreativität der eigenen Sprache den eigenen kulturellen Kontext behalten muss, scheint mir mein Plädoyer für die Mehrsprachigkeit noch dringlicher zu sein. Für Europa selbst, aber auch für die Rolle Europas in der Welt ist es wichtig, dass wir versuchen, aus dem Reichtum der Mehrsprachigkeit und der Mehrkulturalität zu schöpfen, auch und gerade für Forschungsfragen.

Die Frage ist, wie es gelingen kann, eine Internationalisierung des Wissenschaftsbetriebs zu fördern und gleichzeitig eben nicht eindimensional auf das Englische zu setzen. Welche praktischen Erfahrungen haben Sie da?

Meine praktische Erfahrung bei einem politik- und sozialwissenschaftlichen Forschungsprojekt, an dem Franzosen, Polen und Deutsche beteiligt waren, lief darauf hinaus, dass wir immer zwischen den Sprachen hin- und hergewechselt sind, dass jeder in seiner Muttersprache – also Deutsch, Polnisch oder Französisch – sprach und wir übersetzt haben. Wenn es dann schneller gehen sollte, sind wir oft doch ins Englische verfallen, allerdings prompt mit der Konsequenz der Verarmung, denn niemand von uns war englischer Muttersprachler. Mir wurde in diesem Zusammenhang immer wieder deutlich, dass bei der Sprachfähigkeit aktive und passive Kompetenzen auseinandergehalten werden sollten. Es ist oft einfacher, einem originären Diskurs in der fremden Sprache zu folgen, als ihn selbst zu führen, und es geht doch wahrscheinlich weniger verloren an Nuancen, wenn man die eigene Sprache spricht und sich darin ausdrücken kann. Ganz praktisch übrigens wäre es gut, wenn mehr europäische Forschung einfach ins Englische übersetzt würde, um präsenter zu sein auf dem gegenwärtig ganz klar englisch dominierten Wissenschaftsmarkt.

Muss beim Thema Mehrsprachigkeit nicht auch die Praxis des Studentenaustauschs erörtert werden?

Bisher versuchen wir auf eine sehr traditionelle Weise, die Mehrsprachigkeit bei der Jugend zu fördern, indem wir ihr nahelegen, ins Ausland zu gehen und in verschiedenen Kontexten unterschiedliche Sprachen zu hören. Was dabei nicht notwendig stattfindet beziehungsweise was man den Köpfen der einzelnen Studierenden überlässt, ist ein wirklicher Dialog zwischen den Wissenschaftskulturen. Denn es geht dabei nicht nur um Sprachen, sondern um ganze Referenzbereiche, deren Wurzeln oft in die Geschichte hineinreichen. So haben wir uns in unserem vorhin erwähnten deutsch-französisch-polnischen Projekt lange über den Unterschied zwischen »démocratie« und »république« unterhalten und mussten dann einen ganzen Geschichtskurs dazu machen. Das ist nur ein Einzelbeispiel. Ich halte es jedoch für wichtig, dass wir auch diese tiefer nachfragenden Dialoge der Wissenschaftskulturen ausgiebiger führen und dass wir bei unseren Forschungs- und Lehrförderungen wenigstens Experimente erlauben, wenn es um die Einübung von Mehrsprachigkeit in der Lehre geht, die eben im internationalen Bereich nicht nur auf Englisch praktiziert werden soll. Ich spreche hier nicht zuletzt auch aus der Erfahrung meiner Schulzeit am Französischen Gymnasium in Berlin, wo wir als Deutsche auch französische Lehrer hatten und sehr davon profitierten, mit diesen zum Beispiel über den französischen Dichter Racine zu arbeiten, der in Deutschland relativ unbekannt ist, in Frankreich aber zu den kulturellen Kronjuwelen gehört. Da ging es eben nicht nur um die Sprache, vielmehr schwang die ganze französische Kulturgeschichte mit.

… über Wirtschaft
und gutes Regieren

»Der neue, interessegeleitete Mensch«, schreibt der
Philosoph Joseph Vogl, »bewegt sich gerade deshalb so
sicher, elegant und zuverlässig in der unübersichtlichen
Welt, weil er selbst eigentlich blind und beschränkt
bleibt und keinerlei Übersicht anstrebt. Er sieht ganz
konsequent von der Restwelt ab und unterstellt, dass
alle anderen mit ihm diese Beschränktheit teilen und
Leidenschaften in Interessen, Interessen in Vorteile
verwandeln.« Vogl spricht von der spezifischen Blindheit des Homo oeconomicus, wie er in der Lebenswelt
mehr oder weniger Gestalt angenommen hat. Ist
unsere Mentalität ökonomisiert, über Gebühr auf Kosten und Nutzen eingestellt?

Welchen Segen Markt und Wettbewerb im Gegensatz
zur autoritären und ineffizienten Planwirtschaft darstellen, muss ich hier nicht unterstreichen. Aber wo

der Markt zur Weltanschauung wird, tut das auch ihm nicht gut. Seine Verabsolutierung als Motivations- und als Anerkennungsprinzip von Leistung und Wertschätzung ganz generell hat in der Tat etwas abgründig Beschränktes. So werden die wichtigen Differenzen zwischen den unterschiedlichen Bereichen unseres individuellen und gesellschaftlichen Lebens nivelliert, zwischen Marktangebot einerseits und Rechtssystem, Erziehung, Gesundheitsförderung, Kultur, Politik andererseits. Außerdem wird das Potenzial von Misstrauen verstärkt, weil es die Menschen grundsätzlich zu Gegnern macht, da sie in einer unübersichtlichen Welt zu ihrer Selbsterhaltung möglichst immer besser, immer schon stärker sein müssen als die anderen. Das daraus entstehende Grundgefühl ist die Selbstbehauptung gegen die Bedrohung durch die anderen. Es macht die Solidarischen ganz im Sinne von Hobbes zu Überlebens-Untauglichen. Zugleich untermauert es – und dies mit einer Rhetorik der Freiheit! – jene in Deutschland ererbten autoritären Potenziale, die der freiheitlichen, auf Kooperation, Freundlichkeit und offene Kommunikation, eben auf Vertrauen angewiesenen Demokratie entgegenstehen.

Sie warnen vor einem obrigkeitlichen Wirtschaftsstaat?

Jedenfalls warne ich davor, die Spannung, die es in bester liberaler Tradition zwischen Markt und Politik geben muss, aufzulösen. Markt und Politik müssen vielmehr immer wieder neu so balanciert werden, dass – ich zitiere Jürgen Habermas – »das Netz der solidarischen Beziehungen zwischen den Mitgliedern einer politischen Gemeinschaft nicht reißt«. Die Unterordnung aller Bereiche unter die Logik des Marktes negiert die Möglichkeit freiheitlichen politischen Austauschs.

Denn wenn der globale Wettbewerb eindeutige und unumstößliche Imperative setzt, dann braucht man Alternativen nicht mehr in Betracht zu ziehen, dann gibt es nichts mehr zu diskutieren, dann gibt es nur noch *eine* Priorität, dann wird das Abwägen unterschiedlicher Wichtigkeiten und Interessen im Parlament überflüssig, dann hört Politik auf. Leszek Kolakowski nennt eine solche Zumutung eine »Erpressung durch die einzige Alternative«. Er hat diese Zumutung damals auf den Stalinismus angewandt. Freiheitliche Politik baut dagegen auf das Vertrauen in eine offene Zukunft, in der es immer mehr Lösungsmöglichkeiten gibt, als auf Anhieb erkennbar ist. Nicht von ungefähr haben die Briten, denen bei aller Wirtschaftsliberalität die Notwendigkeit von Politik für die Wahrung der Freiheit und der Zivilität zum Habitus geworden ist, das Wort »Deregulierung« inzwischen durch »bessere

Regulierung« ersetzt – diesen nicht nur rhetorischen Unterschied hat Lord Dahrendorf, der liberale Deutsch-Brite, vor einiger Zeit hervorgehoben.

Was folgt daraus für ein möglicherweise radikal verändertes Politikverständnis?

Seit Jahren können wir erkennen, dass demokratische Politik um der Würde des Menschen willen von der kommunalen bis zur globalen Ebene zunehmend auf eine »good global governance« angewiesen ist, das heißt also auf Mechanismen, in denen die traditionell demokratisch legitimierten Parlamente und Regierungen mit Wirtschafts- und zivilgesellschaftlichen Unternehmen zusammenarbeiten und auf diese Weise zu flexiblen und glaubwürdigen Lösungen gelangen sollen. Im guten weltweiten Regieren müssen alle genannten Akteure ihre Chancen und Verpflichtungen wahrnehmen, um zu einer menschlichen Gestaltung von Wirtschaft und Gesellschaft zu gelangen. Ohne diese verantwortliche Teilhabe an gestaltender Politik werden unsere Gesellschaften auseinanderbrechen, nicht nur die deutsche. Dabei geht es um die freiwillige, geregelte und möglichst transparente Vereinbarung über die strittigen Fragen, deren Lösungen uns alle betreffen.

Dennoch bekommen in Krisenzeiten in ganz Europa gerade solche Parteien Zulauf, die das Heil in der nationalen Perspektive propagieren.

Nationalstaatliche Modelle werden nicht überflüssig, aber sie müssen durch weitere Akteure der Politik ergänzt werden. Das sind die zivilgesellschaftlichen Organisationen, aber auch die Privatunternehmen. Für beide Sphären, die traditionelle nationalstaatliche Demokratie und die »global governance«, ist Vertrauen die wichtigste Ressource. Das ist auch entscheidend für die Weiterentwicklung der Europäischen Union. Wir müssen Wege finden, den Europäern die Sicherheit zu geben, dass sie in der liberalisierenden Entgrenzung nationaler Wirtschaften nicht untergehen. Das bedeutet nicht, dass sich Europa abschotten sollte, sondern dass Strategien entwickelt werden müssen, die Globalisierung so zu gestalten, dass alle durch sie gewinnen.

Bis dahin scheint es noch ein langer Weg zu sein. Die Verrechtlichung der internationalen Beziehungen kommt nur schleppend voran.

Jedenfalls ist es im globalen Rahmen noch schwieriger als im nationalen, sich auf gemeinsame Regeln zu einigen, weil wir zur Durchsetzung der Regeln nicht mehr

einfach auf das Gewaltmonopol des Staates setzen können, sondern eben auch freiwillige Vereinbarungen
treffen müssen. Sie können zwar teilweise von einzelnen Staaten sanktioniert werden, vor allem aber geht
es dabei um die Sanktionsfähigkeit einer kompetenten,
nicht-manipulierten Öffentlichkeit.

An welche Beispiele denken Sie?

Schon jetzt gehen private, global agierende Unternehmen die Verpflichtung ein, die Standards der International Labour Organisation (ILO) der Vereinten
Nationen, die eine internationale Legitimität für sich
beanspruchen können, nicht nur in ihren eigenen
Unternehmen einzuführen, sondern auch von ihren
Lieferanten und Abnehmern zu fordern. Als »Wach-
hunde« handeln oft zivilgesellschaftliche Organisationen vor Ort, die melden, ob zum Beispiel in China
oder in Nigeria oder in Deutschland wirklich die Standards eingehalten oder doch umweltzerstörende Pesti-
zide bei der Züchtung von Rosen angewendet worden
sind. Alles hängt von der klugen Zusammenführung
der verschiedenen Bereiche Politik, Privatsektor und
organisierte Zivilgesellschaft ab, die als die entscheidenden Akteure diesen neuen Gesellschaftsvertrag aushandeln und praktizieren müssen.

Im Rahmen der sehr wichtigen Diskussion über die

Armut in Afrika zum Beispiel müssen wir die Aufmerksamkeit darauf lenken, dass diese Armut zu großen Teilen Ergebnis einer schlechten »governance« vor Ort ist. Dafür sind auch Afrikaner verantwortlich. Aber es wird auch eine schlechte »governance« aus dem Ausland oktroyiert, etwa durch Geschäftspraktiken multinationaler Konzerne. Es geht um gute Infrastrukturen, um funktionierende, nicht-korrupte Verwaltungen. In vielen Ländern herrscht auch deshalb Armut, weil sie von korrupten Leuten regiert werden. Das immer noch bestehende Problem der Korruption demonstriert besonders deutlich, dass wirtschaftliche Entwicklung nicht ohne Einbettung ins Politische zu denken ist. Ich finde diese »governance«-Fragen sowohl auf der globalen als auch auf der kommunalen Ebene ungemein wichtig. Über sie muss viel mehr öffentlich geredet werden.

Da werden Sie von Ihrem Mann Peter Eigen gleichsam aus erster Hand informiert. Er gründete, nachdem er 25 Jahre lang für die Weltbank gearbeitet hatte, Anfang der Neunzigerjahre die Organisation »Transparency International«, die weltweit gegen die Korruption kämpft. Ich möchte hier einmal aus einem Zeitungsinterview zitieren, das Peter Eigen 2005 gab: »Die Korruption ist ein eminent wirtschaftspolitisches Phänomen. Der Sinn von Korruption ist es,

Wirtschaftspolitik zu pervertieren, also falsche Entscheidungen zu kaufen. Sie machte vieles, was wir bei der Weltbank versucht haben aufzubauen, wieder zunichte. Es wurden die falschen Projekte ausgesucht, immer mit dem Hintergedanken, wie viele Korruptionsgelder man verdienen kann. Was die Bevölkerung brauchte, spielte keine Rolle.«

Auch das Phänomen der Korruption ist freilich kein Argument gegen den Markt als solchen. Im Gegenteil: Es ist ja gerade die Verzerrung des Marktes, die korrumpierende Unternehmen aus dem Norden im Einvernehmen mit korrupten politischen Eliten im Süden vornehmen, die den Entwicklungsländern schadet. Zum Beispiel durch ganz falsche Allokation von Ressourcen, wenn etwa für gigantische Summen Staudämme gebaut werden, die die gesamte Umwelt von Mensch und Tier und kulturelle Kostbarkeiten zerstören, obwohl Energie dezentral viel kostengünstiger und organischer für den Arbeitsmarkt vor Ort erzeugt werden könnte. Der Wirtschafts-Nobelpreisträger und ehemalige Chefökonom der Weltbank, Joseph Stiglitz, zieht in seinem Buch *Die Chancen der Globalisierung* eine ernüchternde Bilanz in Bezug auf die systematischen Benachteiligungen auf einem gerade nicht freien Weltmarkt: »Die Mindereinnahmen, die die reichen Länder den armen Ländern durch Handelshemmnisse bescheren, sind dreimal höher als die gesamte Entwicklungshilfe, die sie leisten.«

Wir müssen also darauf dringen, dass sich die reichen Länder nicht gegen die Produkte und Dienstleistungen der armen Länder abschotten, sondern müssen im Gegenteil die Märkte für sie weiter öffnen. Und dann erst geht es darum, dass der Markt der armen Länder sich in dem ihrer jeweiligen Entwicklung angemessenen Tempo auch für die reichen Länder öffnet, aber eben derart behutsam, dass es nicht zu einem spekulativen Boom kommt, der die Bevölkerungen ins Elend stürzt. Nur so gibt es eine Chance, die ungleichen Wettbewerbsbedingungen auszugleichen. In diesem Sinne muss die Liberalisierung des Welthandels »asymmetrisch« vonstatten gehen, wie Stiglitz fordert.

Frau Schwan, die Wirtschaftskrise hat eine Suche nach Brandstiftern ausgelöst. Ich möchte Ihnen jetzt eine Art Anklageliste vorlesen, die der Rechtstheoretiker Rolf Stürner in Frageform vortrug: »Wer sind die Schuldigen?«, so fragte er. »Wirtschaftswissenschaftler, die blauäugig und naiv glaubten, egoistische menschliche Triebkräfte in weitem Umfang der Gesellschaft nutzbar machen zu können, und ihren nobelpreisverdächtigen Modellen einen etwas verblödeten Homo oeconomicus zugrunde legten? Medien, die in ihren Wirtschafts- und Finanzmarktteilen Bei-

fall klatschten und ihre biederen Leser am finanziellen Risikogeschäft berauschten? Der nationale Gesetzgeber mit seinen Parteien, die zur Förderung des Finanzplatzes Deutschland das Kapitalmarkt- und Gesellschaftsrecht deregulierten, für die Privatisierung ein Allheilmittel zu sein schien und die Risikokapitalanlage des Bürgers steuerlich besonders förderungswürdig? Die Kanzlerin, die Verfahren gegen Selbstbedienung durch Unternehmensführer als Schaden für den Finanzplatz Deutschland bezeichnete? Weltbank und Internationaler Währungsfond (IWF), die das Gesellschafts- und Wirtschaftsmodell der US-amerikanischen Hegemonialmacht als Vorbild weltweit empfahlen, auch unter der Direktorenschaft des Bundespräsidenten beim IWF? Die Europäische Kommission mit ihrem dirigistischen Marktpurismus und ihrer Betonung der Kapitalverkehrsfreiheit als Quelle wirtschaftlicher Leistungsfähigkeit, die augenblicklich etwas die Sprache verloren zu haben scheint? Europäischer Gerichtshof und Bundesverfassungsgericht, denen Teile des Berufsrechts nicht genügend dereguliert sein konnten und die dem Gesetzgeber bei präventiver Regulierung regelmäßig in den Arm fielen und noch fallen?«

Da bekommt ja wirklich jeder sein Fett weg.

Es ist doch eine bemerkenswert offene Analyse, die sich nicht scheut, Ross und Reiter zu nennen. Stürner schließt mit der Bemerkung: »Hier von einzelnen Brandstiftern zu reden ist wenig einsichtsvoll und verkennt den Umfang einer gesamtgesellschaftlichen Bewegung, welche den offenen freien Markt zur Religion erhob.«

Der freie Markt muss eben, um nicht durch Machtkonzentrationen de facto zu »verklumpen«, also unfrei und zu einer geschlossenen Gesellschaft weniger Anbieter zu werden, politischen Regeln unterworfen werden. Sie schränken die Freiheit nicht ein, sondern ermöglichen sie zuallererst. Dies war zum Beispiel die Antikartell-Richtung des ursprünglichen Neoliberalismus, dem der gegenwärtige neue Neoliberalismus gerade zuwiderhandelt.

Wenn wir die Märkte vor Verzerrungen durch Machtkonzentrationen schützen wollen, kann es nicht darum gehen, die internationalen Organisationen, die für Multilateralität der Welthandelsordnung einstehen, zu schwächen. Sie müssen vielmehr gestärkt werden. »Global good governance« beruht auf Institutionen auf Weltebene, auch wenn sie noch keineswegs ausgereift sind. Freiwillige, aber doch auch durch Transparenz und Öffentlichkeit kontrollierte Allianzen schaffen den Rahmen, der einer unbegrenzten Lohnreduzierung oder einem »hire and fire«, einer Verzerrung des Marktes durch Korruption oder einer Zerstörung der natürlichen Ressourcen Grenzen setzt.

Welche Folgen hat dieser Wandel für die Auffassung von politischer Macht?

Ich habe das an anderer Stelle mal so formuliert: Wenn hinter politischen Entscheidungen nicht mehr das Sanktionsmonopol staatlicher Macht steht, dann ist eine prinzipiell auf die Überwindung von Gegnern ausgerichtete und auf die Erzwingungsmöglichkeit angewiesene Macht, wie wir sie im Verständnis von Max Weber finden, nicht mehr ausreichend wirksam. An deren Stelle muss mehr und mehr die Fähigkeit treten, Koalitionen zu bilden nicht »gegen« Personen und Ziele, sondern »mit« anderen Personen und Institutionen »für« gemeinsame Ziele. Das ist es, was Hannah Arendt als wirkliche, weil wirksame Macht definiert hat, das andere nennt sie Gewalt, weil es nicht auf die Gewinnung freiwilliger Zustimmung zielt.

Ist das nicht eine Moralisierung von Politik, die etwas Utopisches hat?

Nein, diese Forderung versteht sich nicht als moralisches Postulat, sondern als analytische Konsequenz, sofern man am Gesamtziel einer demokratischen, einer »good global governance« festhält und sich nicht zum Anhängsel automatisch ablaufender Prozesse machen möchte. Die Ziele solcher konstruktiven Machtausübung, bei der auch globalen Unternehmen eine hohe Verantwortung zukommt, finden sich zum Beispiel in dem von Kofi Annan initiierten »Global Compact«, dessen Teilnehmer sich zur Einhaltung von Wertmaßstäben und Verhaltensstandards verpflichten. Die darin enthaltenen Prinzipien umfassen den Respekt und die Einhaltung der international verkündeten Menschenrechte, die Abwehr von deren Verletzung, die Vereinigungsfreiheit, die Anerkennung der kollektiven Verhandlungsfreiheit, die Abschaffung von Zwangs- und von Kinderarbeit, das Verbot jeglicher Diskriminierung am Arbeitsplatz, den verantwortlichen Umgang mit der Umwelt, die Entwicklung dementsprechender Technologien und den Kampf gegen die Korruption.

Was wäre denn ein Beispiel, das diese neue Regierungsform illustriert?

Ein gutes Beispiel für »good global governance«, in der sich die drei Akteure Politik, Privatsektor und Zivilgesellschaft unter dem Aspekt von Gemeinwohlregeln zusammentun, ist die Extractive Industries Transparency Initiative (EITI). Diese Initiative zur Verbesserung der Transparenz in der Rohstoffindustrie wird von der Weltbank, dem Weltwährungsfonds, aber auch von der Bundesregierung und von den G8-Staaten unterstützt. Hier haben sich drei Akteure zusammengetan und Regeln festgesetzt dafür, wie Konzessionszahlungen, die große Firmen wie Shell oder BP beispielsweise an afrikanische oder asiatische Länder leisten, transparent gemacht werden und nicht in dunklen Kassen verschwinden – oder in Bürgerkriege investiert werden. Die Gelder sollen ins Staatsbudget kommen, und dann soll entschieden werden, was damit geschieht, ob das Geld etwa in Bildung oder in Soldaten investiert wird.

Bei dieser, die nationalen Grenzen überschreitenden Form des neuen Regierens bringen alle Beteiligten sowohl bei der Festlegung als auch bei der Implementierung der Regeln ihre Erfahrungen, Perspektiven und Interessen ein.

Das klingt wunderbar. Aber warum sollte sich eine Regierung an die getroffenen Vereinbarungen halten? Wer spricht hier Sanktionen aus?

Wenn ein Land die von ihm unterschriebenen Vereinbarungen nicht einhält, müsste es die EITI wieder verlassen. Damit kommt es zwar nicht vor ein Weltgericht, aber vor das Gericht der weltöffentlichen Meinung.

Dadurch entsteht ein Reputationsverlust für dieses Land, und der wiederum kann dazu führen, dass sich die Weltbank bei ihrer Kreditvergabe zurückzieht. Man sieht: Die Entscheidung, ob ein Staat sich an solchen Vereinbarungen beteiligt, bleibt freiwillig. Wenn Staaten sich aber zur Mitarbeit entscheiden, müssen sie sich an die Regeln halten. Das gilt zum Beispiel für Chinas Engagement in Nigeria, das die EITI-Vereinbarung auch unterschrieben hat. Siemens ist ein anderes Beispiel. Der Konzern gehörte zu den Gründungsmitgliedern von Transparency International und hat zunächst sehr geholfen, diese Initiative zu stärken und eine Veränderung der Gesetzgebung herbeizuführen. Bis vor etwa zehn Jahren war das Bestechen außerhalb Deutschlands ja noch erlaubt und steuerlich absetzbar. Siemens hat dazu beigetragen, dass eine Gesetzgebung geschaffen wurde, der der Konzern sich mit den bekannten Folgen jetzt selbst unterstellen muss.

Ein anderes Beispiel für die weltweiten Initiativen zugunsten einer »good global governance« ist das sogenannte GAN – für Global Action Network. Hier haben sich mehr als sechzig weltweit agierende Initiativen zusammengeschlossen, die alle nach dem Prinzip der »Multi-Stakeholder-Partnership« zusammenarbeiten, also einer Partnerschaft der drei früher genannten Akteure Politik, Privatsektor und organisierte Zivilgesellschaft. Sie sorgen für mehr Rechtsstaatlichkeit in

Kambodscha, für den Erhalt der Umwelt in China. Das Netzwerk hat bereits ein Jahr vor der Finanzkrise ein Projekt gestartet, das eine wirksame Dreierinitiative zur Kontrolle der Finanzmärkte auf den Weg bringen soll und das von der Ford Foundation finanziert wird. In Deutschland, ja in Europa – außer in Großbritannien – sind derartige Initiativen, die wegen ihrer Globalität alle auf Englisch operieren, noch ziemlich unbekannt. In Asien und Lateinamerika, ganz zu schweigen von den Vereinigten Staaten, geschieht hier schon viel mehr. Hier müssen und können wir viel nachholen und lernen.

Sie haben die Grenzen des Erzwingbaren angedeutet, sobald man sich auf den globalen Maßstab verwiesen sieht. Viele Vereinbarungen müssen hier freiwillig getroffen werden. Gibt das nicht der politischen Kultur demokratietheoretisch einen ganz anderen Stellenwert? Bislang eher als eine weiche Ressource gehandelt, wird sie doch in dem Augenblick zu einer harten Münze im politischen Geschäft, wo man auf Freiwilligkeit angewiesen ist.

Das ist zweifellos richtig. Wir sind mehr denn je angewiesen auf eine politische Kultur, die die demokratischen Regeln unterstützt und sie nicht raffiniert unterläuft. Je komplizierter und umfassender die Verhältnisse werden – das ist eine allgemeine Tendenz der letzten Jahrhunderte –, desto schwieriger wird die Kontrolle, desto wichtiger wird die freiwillige Verpflichtung zum Regelwerk, desto wichtiger werden Verlässlichkeit und Vertrauen. Die Moral, um die es dabei geht, muss sich allerdings auf die wohlverstandenen langfristigen Interessen der Personen und der Institutionen stützen können, um aus der Sphäre der schönen Wünsche und Vorstellungen oder der Drohungen in die Realität zu gelangen. Mit Appellen allein lässt sich hier nichts ausrichten.

Zu beobachten ist jedenfalls eine wachsende Unwilligkeit, zur Wahl zu gehen, die Abstrafung etablierter Parteien, die Hinwendung zu populistischen Bewegungen in ganz Europa.

Dahinter schwelt eine langfristige Stimmung. Die Menschen sind enttäuscht, weil sie keinen gangbaren Ausweg aus der Krise erkennen können und eine erhebliche Machtlosigkeit der Politik gegenüber den ökonomischen Prozessen spüren. In den meisten europäischen Staaten herrscht eine hohe Arbeitslosigkeit, die ganz wesentlich auf ein zu geringes Wirtschaftswachstum und eine zu geringe Binnennachfrage zurückzuführen ist. Hinzu kommen verstärkte Arbeitsmigrationen, die die Verunsicherung steigern. Damit wachsen soziale Konfliktherde, deren Befriedung durch größer werdenden Wohlstand gegenwärtig nicht in Sicht ist. So droht ein Negativzirkel zu entstehen, der die nationalstaatlichen Demokratien ebenso wie die Europäische Union in ihrer Substanz gefährdet.

Das bestätigt jene, die sagen, dass das Verhältnis von Politik und Markt neu durchdacht werden muss.

Selbst beim Weltwährungsfonds und – deutlich früher schon, nämlich Mitte der Neunzigerjahre – bei der Weltbank hat sich die Einsicht durchgesetzt, dass der Markt weder zureichend für öffentliche Güter wie Umwelt, Bildung, Gesundheit, Ernährung, Armutsbekämpfung und eine gute soziale, administrative und legale Infrastruktur sorgen noch den sozialen Zusammenhalt stützen kann. Im Gegenteil: Er kann ihn und damit die Voraussetzung seiner eigenen Wirksamkeit zerstören. Zentral ist die Einsicht, dass eine marktradikale Ideologie blind macht für die Notwendigkeit, in Alternativen und vor allem in dosierten Kombinationen von demokratischer Politik und Markt zu denken. Das jeweilige soziale, kulturelle und politische Umfeld muss einbezogen werden, um die Grenzen, aber auch die Chancen von marktverträglicher politischer Steuerung im Dienste des Gemeinwohls auszuloten und praktisch umzusetzen.

Auch hier stellt sich die Frage: Wer setzt die Grenzen, wenn es hart auf hart kommt? Wer sanktioniert?

Natürlich reicht ein freiwilliger Verhaltenskodex der Unternehmen nicht aus, vielmehr müssen Kontrollen und Sanktionen gefunden werden, die denen, die Franz Müntefering als »Heuschrecken« bezeichnet hat, das Handwerk legen. Die Kontrollen – im weiteren Sinne die Steuerungen – sind vermutlich am wirksamsten, wenn sie wie skizziert in einem Zusammenspiel von demokratisch legitimierten politischen Institutionen und nicht gewinnorientierten zivilgesellschaftlichen Organisationen geschehen. Ein ganz zentrales Mittel dafür ist die Herstellung von möglichst viel Transparenz, weil die Öffentlichkeit in Bezug auf Machtmissbrauch inzwischen wachsam geworden ist. Sie läuft als Kontrolle auch nicht Gefahr, bürokratisch auszuufern. Heute ist es in der internationalen Diskussion ein Gemeinplatz, dass ein genereller Ruf nach Deregulierung unserer Verantwortung nicht gerecht werden kann und inzwischen als Zeichen von Provinzialität gelten muss. Ganz zu schweigen von der Borniertheit der Interessen, die dahinterstehen.

Steht dem nicht der populäre Ruf nach Bürokratieabbau entgegen?

Eine der zentralen programmatischen Aufgaben ist es, in der politischen Auseinandersetzung präzise zu unterscheiden zwischen einerseits ungewollt gewachsenen bürokratischen Hemmnissen gegen gesellschaftliche Initiativen im Allgemeinen und Wirtschaftsinvestitionen im Besonderen: die müssen wir abbauen. Und andererseits die gewollten politischen Regeln zugunsten öffentlicher Güter und des demokratischen Gemeinwohls: die müssen wir Schritt für Schritt aushandeln und praktizieren. Wer hier polemisch alles in einen Topf wirft, handelt – ob vorsätzlich oder nicht – verantwortungslos. Unterscheidungsarbeit ist gefragt, die die Prozesse des politischen Alltagsgeschäfts durchsichtig, verstehbar und nachvollziehbar macht.

Wenn Sie eine Vertrauensagenda für Deutschland entwerfen sollten, was stünde drin?

Der Abbau der Arbeitslosigkeit und die Erhöhung eines intelligenten, nachhaltigen und das heißt vor allem umweltschonenden, dem Klimaschutz verpflichteten Wachstums bleiben auf dem Gebiet der Wirtschaft unsere dringendste Aufgabe. Das kann aber nur gelingen, wenn wir die Einbettung der Wirtschaft in außerökonomische Zusammenhänge erkennen. Der wichtigste ist, dass wir einen neuen Grundkonsens über unsere praktisch wirksamen gemeinsamen Wertüberzeugungen und langfristigen Interessen finden, darüber, wie wir eigentlich als Individuen leben und als Gesellschaft zusammenleben möchten, was wir wirklich gemeinsam wollen, nicht nur zähneknirschend oder indifferent hinnehmen. Erst dann können wir uns über die politischen und ökonomischen Schritte im Einzelnen mit Gewinn streiten. Hierfür braucht es einen überwölbenden freiwilligen Vertrag unserer Gesellschaft mit sich selbst. Ich nenne das oft – und bin nicht allein damit – einen neuen Gesellschaftsvertrag, der theoretisch an den berühmten Gesellschaftsverträgen von John Locke oder Jean-Jacques Rousseau anknüpfen würde.

Konkret können wir natürlich nicht alle zum Notar gehen. Aber wir brauchen eine intensive öffentliche Diskussion über unsere gemeinsamen Grundlagen. Auch zum Beispiel über eine genauere Bestimmung der Sozialen Marktwirtschaft, die angesichts der Finanzkrise wieder in aller Munde ist. Der Begriff ist von der Union unter Ludwig Erhard eingeführt, im Zuge seiner politisch praktischen Erweiterung um Mitbestimmung und Sozialpartnerschaft auch von der Sozialdemokratie und den Gewerkschaften Ende der Fünfziger- und Anfang der Sechzigerjahre des vorigen Jahrhunderts aufgenommen und so zum Grundkonsens der Bundesrepublik Deutschland geworden. Inzwischen stimmt ihm laut Umfragen nur noch eine

Minderheit der Gesellschaft zu. Hier kommt es jetzt darauf an, die Ziele und Prinzipien für unsere neue ökonomisch globalisierte Situation weiterzuentwickeln und dadurch wieder zu einem neuen diesbezüglichen Grundkonsens zu gelangen. Er wäre ein entscheidendes Element des notwendigen neuen Gesellschaftsvertrags.

Wenn wir wieder einen tragfähigen, den aktuellen Herausforderungen angemessenen Grundkonsens finden, den wir nur durch argumentative Auseinandersetzung und nie ein für allemal erreichen, dann ist der politische Streit auch im Einzelnen inhaltlich und für die Auslotung aller Möglichkeiten förderlich. Dann verbindet dieser Streit, weil er uns alle einen Schritt weiterbringt. Dann müssen wir uns auch nicht mit dem häufig vorgetragenen trostlosen Panorama begnügen, dass wir alle nur verlieren können und es höchstens noch darauf ankommen mag, etwas weniger zu verlieren.

Was ich auf die Vertrauensagenda für Deutschland setzen würde? Ich möchte uns ermutigen: Haben wir mehr Vertrauen zu uns selbst, zu unserer Fähigkeit, die Situation gründlicher als bisher zu analysieren, und so unsere gemeinsamen langfristigen Interessen zu erkennen, mit Kreativität an die wirklich chancenreichen Aufgaben zu gehen und begründet neue Zukunftszuversicht zu gewinnen.

Zu unseren unterschiedlichen Herkünften und Interessen stehen können und sich gleichzeitig ständig neu auf Gemeinsames festlegen – welche Rolle kann hier das Amt des Bundespräsidenten spielen?

Deutschland wird, wie alle Länder Europas, vielfältiger. Ich begrüße das als unbedingte Bereicherung, sehe aber gleichzeitig die Herausforderungen. Unser Land braucht in dieser veränderten Situation mehr innere Brücken, die Zusammengehörigkeit schaffen. Hier sehe ich eine gewaltige Aufgabe für den Bundespräsidenten oder die Bundespräsidentin: Wenn wir nicht mehr über eine einheitliche Vergangenheit in Deutschland sprechen können, sondern vielfältige Vergangenheiten in den Blick nehmen müssen – ostdeutsche, westdeutsche, migrationsgeprägte und nicht zuletzt diejenigen von Heimatvertriebenen –, dann gibt es auch nicht mehr selbstverständlich *eine* Gegenwart. Es braucht dann Instanzen in der Gesellschaft, und das Amt des Bundespräsidenten gehört hier an erster Stelle genannt, die diese unterschiedlichen Lesarten zusammenführen und zu einem modernen deutschen Selbstverständnis verdichten, das einerseits vielfältig ist, andererseits aber das Verbindende und Gemeinsame betont und bestärkt.

Nicht mehr einfache Repräsentation einer Nation, die als gegeben und unveränderlich betrachtet wird, wäre dann die vornehmste Aufgabe des ersten Mannes oder der ersten Frau im Staat. Neben sie tritt zunehmend die Moderation der unterschiedlichen Diskurse und Lebenswelten, die unsere Gesellschaft heute ausmachen. Ziel wäre es demnach, nationale Gemeinsamkeit innerhalb eines zusammenwachsenden Europas immer neu herzustellen. Nicht die Verkündung substanzieller Gewissheiten steht meiner Auffassung nach im Mittelpunkt der Aufgabe des Bundespräsidenten. Wir brauchen in einer freiheitlichen Demokratie nicht jemanden, der sagt »wo's langgeht«, sondern – ich zitiere den Staatsrechtler Ulrich K. Preuß – »die Repräsentation des diskursiven Charakters der Politik, der allein ein ›Wir‹ des politischen Gemeinwesens noch zu begründen vermag«.

Allgemeinverbindliche Grundlage hierfür sind die Werte und Normen unserer Verfassung. Doch ist die darin vorgesehene Gemeinsamkeit in unserer hochmodernen Gesellschaft ständig vom Scheitern bedroht und muss, um lebendig zu sein, mit der Kraft des Arguments stets neu hergestellt werden.

In welchem Maß kann die Gemeinsamkeit, die Ihnen vorschwebt, überhaupt noch ans Nationale anknüpfen?

Deutschlands Zukunft liegt nicht im Festhalten an einem aus dem 19. Jahrhundert stammenden, überkommenen Nationalgefühl, das eine nicht zu wünschende und nicht zu erreichende Einheit unterstellt, sondern in der Stärkung eines neuen nationalen Gemeinsinns, der Einheit in Vielfalt durch gegenseitige Anerkennung will. Unsere Zukunft liegt in einer kulturellen Identität, die nicht eine historisch geronnene Nation heraufbeschwört, sondern die Menschen mit ihren unterschiedlichen Erfahrungen, Erinnerungen und Zukünften zum Ausgangspunkt kollektiver nationaler Identität macht. Wir brauchen ein republikanisches, ein selbstbewusst zivilgesellschaftliches Nationalverständnis, das die Nation als Aktionsgemeinschaft mündiger Bürgerinnen und Bürger begreift. Die Linie, der wir dabei folgen wollen, führt weniger vom Hohenzollernschloss zum Kanzleramt als vom Hambacher Fest zum Berliner Haus der Kulturen der Welt. Das ist die bürgerliche Freiheitstradition, in der wir stehen.

Und das fällt heute erst mal erkennbar schwer. Frau Schwan, kommt es Ihnen so vor, als sei früher alles besser gewesen?

Nein, Unsinn. Von Kulturpessimismus halte ich gar nichts. Nostalgische Rückblicke helfen nicht weiter und treffen auch selten die Realität. Die heute von Konservativen beklagten Tendenzen – Individualisierung, kulturelle Fragmentierung, Abstraktheit und

Unübersichtlichkeit der zwischenmenschlichen Beziehungen und Verantwortlichkeiten – werden von Sozio-
logen im Kern doch schon seit dem 19. Jahrhundert
diagnostiziert. Die Akzente mögen jeweils anders liegen, aber das pluralistische Gemeinwesen stellt jede
Zeit vor Herausforderungen, die sich im Spannungs-
feld von individueller Freiheit und Gemeinschaft bewegen. Das ist heute so, und das war früher so. Früher
schien die Freiheit des Einzelnen stärker bedroht, heute
die Bindekraft der Gesamtgesellschaft. Immer ist die
Frage die, ob wir einen Grundkonsens erreichen, in
dem wir uns bei aller Verschiedenheit und trotz unserer
legitimen Einzelinteressen auf gemeinsame Regeln des
Umgangs und auf gemeinsame Ziele verständigen können. Ein solcher Grundkonsens ist, wie gesagt, nichts,
was sich ein für allemal einstellt, sondern muss immer
neu ausgelotet und erarbeitet werden. Deswegen brauchen wir eben auch in der Bildung nicht nur Fachwis-
sen, sondern die vor allem in der Philosophie kulti-
vierte Fähigkeit zur Abstraktion und eine Kultur der
Argumentation. Sonst siegt einfach der Stärkere, oder
wir schlagen uns gegenseitig die Köpfe ein. Die uner-
müdliche Arbeit am Grundkonsens benötigen wir,
damit in dem unabdingbar notwendigen politischen
Konflikt so gestritten wird, dass im Nachhinein eine
gemeinwohlverträgliche Lösung steht.

Hier, bei der Herstellung und Wertschätzung des

Grundkonsenses, erweist sich die tragende Rolle von politischer Kultur. Ich erinnere gern an den Politikwissenschaftler Ernst Fraenkel, der als Arbeitsrechtler und Anwalt der Gewerkschaften Ende der Dreißigerjahre in die Vereinigten Staaten emigrieren musste und nach dem Zweiten Weltkrieg am Berliner Otto-Suhr-Institut seinen Studenten ein realistisches Bild der Demokratie nahebringen wollte. Fraenkel hat den Grundkonsens in seinem Standardwerk *Deutschland und die westlichen Demokratien* reflektiert. Bezeichnenderweise mahnte er in den Fünfzigerjahren mehr politischen Streit an, dessen Ausbleiben er auf einen Mangel an Grundkonsens in der Bundesrepublik nach 1949 zurückführte. Das ist doch ein interessanter Befund: Fehlender Grundkonsens führt nicht nur zum Auseinanderbrechen von Gesellschaften, zu ihrer Explosion. Er kann auch zu ihrer Implosion führen. Denn ohne Grundkonsens wird entweder falsch oder gar nicht gestritten.

War früher alles besser als heute? Halten wir fest: Die Probleme des gesellschaftlichen Zusammenhalts verteilen sich heute anders als früher. Aber natürlich gab es früher nicht weniger Probleme als heute.

Nostalgiker auf der einen, Apokalyptiker auf der anderen Seite. Die Wirtschaftskrise hat neben nüchternen Analysen auch jede Menge futuristisches Gefuchtel produziert. Der Satz, dass nach der Krise nichts mehr

so sein wird wie vor der Krise, hat der Paranoia Auftrieb gegeben. Manches Zukunftsszenario liest sich wie eine Steilvorlage für Astrologen.

Man darf die schwere Krise auf keinen Fall bagatellisieren. Es geht um viele Einzelschicksale. Aber es ist richtig, dass Krisenzeiten auch immer Hochzeiten für Apokalyptiker sind. Was sich da alles unter dem Etikett der Trend- und Zukunftsforschung versammelt, ist eine Sache für sich. Für mich gilt die Maxime: Die Zukunft bleibt offen, wie viele Anhaltspunkte mir für eine Prognose auch immer zur Verfügung stehen mögen. Das Arrangement der vorhersehbaren, also wahrscheinlichen Elemente bleibt am Ende immer jedenfalls insofern eine Überraschung, als es sich lohnt, für das als richtig Befundene zu kämpfen. Also lassen wir uns nicht verrückt machen von den Apokalyptikern. Hören wir allerdings auch nicht auf die Beschwichtiger und Verharmloser. Setzen wir auf die Kraft des selbstständigen Denkens, auf unser Urteilsvermögen, das die Informationen, die auf uns einprasseln, einzuordnen versucht.

… über den optimierten Menschen

Kommen wir zu einem Szenario der Zukunft, das nicht ohne Grund beunruhigt. Wenn man den ökonomischen Appell zur Selbstverantwortung mit den Optimierungsstrategien der Lebenswissenschaften zusammenbringt, die Peter Sloterdijk mal als Anthropotechniken bezeichnet hat, dann droht doch eine ganz neue Form von Disziplinargesellschaft.

Ich glaube nicht, dass die Opferlogik, derzufolge wir alle zu Opfern einer großen Manipulation werden, das Phänomen zureichend beschreibt. Weiter kommt man, wenn man sich mit dem auseinandersetzt, was die Anziehungskraft dieser Lebenstechnologien ausmacht. Hier, wie man es oft zu hören bekommt, nur Kommerz und Werteverfall zu wittern, greift zu kurz. Wer formuliert die Probleme und warum? Wer hat welches Interesse daran, bestimmte Situationen als unerträglich zu definieren und seine Angebote als Lösung zu präsentieren? Solche Fragen zu stellen, heißt, in den angestrebten Veränderungen das Politikum sehen zu wollen statt sie mit Ethik zu normalisieren.

Da werden die Mitglieder des Deutschen Ethikrats jetzt aber die Stirn runzeln.

Weil ich auf die politsche Funktion von Ethik hinweise? Ich stelle doch nur fest, dass gerade auf dem Sektor der Lebenstechnologien die Vertretbarkeit des Neuen eben auch durch bioethische Diskussionen »normal« gemacht wird. Die ethische Debatte ist ein Weg, solche Neuerungen überhaupt erst ins Gespräch zu bringen, sie vorstellbar und damit schon einmal grundsätzlich akzeptabel zu machen. »Bioethik eilt oft der alltäglichen Bedeutung einer neuen Möglichkeit voraus und gewöhnt uns damit an deren Normalität«, schreibt die Philosophin Petra Gehring. Sie sieht eine politische Ökonomie des Lebendigen am Werk. Biostoffe und die neuen körperlichen Qualitäten, die man mit ihnen erwirtschaften kann, sind hier zugleich Spieleinsatz und Gewinndimension. Aber wir sollten nicht denken, Technologieentwicklung sei ein Naturgeschehen. Besser wäre, die politischen Konflikte, die sich um die neuen Lebenstechnologien ranken, als politische Konflikte sichtbar zu machen.

Nun gibt sich die neoliberale Forderung, dass wir alle zur Steigerung des Humankapitals Unternehmer unserer selbst sein sollen, ja gerade als apolitisch aus.

Ja, so wie die Anreize zur Selbstoptimierung gesetzt werden, bleibt das Politische daran oft unsichtbar. Kulturgeschichtlich interessant ist, wie sich Begriffe wie Selbstbestimmung, Eigenverantwortung und Gleichberechtigung hier von ihrem emanzipatorischen Kontext gelöst haben und im Dienst einer Selbstwerdung stehen, die auf ökonomische Rentabilität zielt. Aber ich möchte doch vor einer Einbildung warnen. Ein zivilisationsfreies, gleichsam nacktes Leben gibt es nicht. Jeder Zivilisationseffekt hat seinen Preis. Über den müssen wir jeweils reden: Wollen wir ihn zahlen oder nicht? Jedenfalls leben wir immer in irgendwelchen institutionellen Bezügen, die uns prägen und, wenn man so will, entfremdenden Charakter haben, ob uns das nun bewusst ist oder nicht. Natürlich gibt es mehr oder weniger gerechte und humane Strukturen. Man fühlt sich nicht überall gleich wohl, und mancherorts geschieht himmelschreiendes Unrecht, das an den Pranger gehört. Aber immer gilt: Eine Insel des Authentischen gibt es nicht, nirgendwo! Kultur ist Form, und Form ist Entäußerung.

Kulturkritik darf nicht falsch ansetzen, sonst wird rasch die kulturelle Verfassheit von Lebenswelt schlechthin zum Stein des Anstoßes. Das hätte etwas ganz und gar Rückwärtsgewandtes, ja Reaktionäres. Es würde geradezu auf eine Kritik am In-der-Welt-Sein überhaupt hinauslaufen. Und damit hätte es sich Kulturkritik dann doch zu einfach gemacht.

Eine solche Fundamentalkritik würde ja auch die Frage aufwerfen, von welchem Standpunkt aus sie sich überhaupt führen ließe, wenn doch unsere ganze Verfasstheit des Teufels wäre.

Wobei es sicher richtig ist, dass von der Schönheitsindustrie angefangen bis zu dem, was unter dem Stichwort Gehirndoping diskutiert wird, das Thema der kommerziellen Selbststeigerung eine ganz eigene Bedeutung bekommen hat, die in den nächsten Jahren noch zunehmen wird. Der Markt wird absehbar immer effektivere Produkte hervorbringen, die unseren Körper, auch unser Gehirn zu perfektionieren suchen. Wir brauchen eine Politik, die sich über die Tiefe des Eingriffs in die menschliche Natur Rechenschaft ablegt.

Was heißt das konkret? Wie viel Perfektionierung ist erlaubt?

Interessant kommt mir zum Beispiel folgender Gesichtspunkt vor: Was bedeutet die mögliche Unumkehrbarkeit von Manipulationen? Das Leben geht ja weiter, persönliche Präferenzen und das soziale Umfeld ändern sich. Schönheitsideale variieren, wie nicht zuletzt die wechselnden Trends in der kosmetischen Chirurgie zeigen, etwa was die Größe der Brust angeht. Was, wenn der heute vollzogene Eingriff morgen auf ganz andere Bedingungen bei mir und meinem sozialen Umfeld trifft? Ist dann das, was mir heute noch als Optimierung vorkommt, morgen vielleicht eine Verschlechterung? Und ist das dann einfach nur persönliches Pech? Oder gibt es da eine gesellschaftliche Verantwortung, sich über Kriterien zu verständigen, bevor man, überspitzt gesagt, Hirnimplantate im Supermarkt kaufen kann?

An der Schönheitsindustrie ist ablesbar, wie kosmetische Eingriffe gebraucht und missbraucht werden können. Die kosmetischen Hirnmediziner stehen vor dem Problem, ihre Aufgabe definieren zu sollen, wo doch der Wandel vom Patienten zum Kunden längst im Gange ist. Was bisher unter Therapie lief, wird zum Lifestyle-Produkt. Und umgekehrt ist eine zunehmende Pathologisierung und Therapiebedürftigkeit von Abweichungen zu beobachten, die bislang ganz selbstverständlich im Rahmen unserer Normalitätsvorstellungen lagen. Genau da stellt sich die politisch interessante Frage: Wie verschieben sich die Normalitätsvorstellungen unter dem Einfluss einer wachsenden

Medikalisierung der Lebenswelt? Was ist mit den Schwachen und Benachteiligten, die sich teure Pillen und Operationen zur Steigerung ihrer körperlichen Attraktivität und Leistungsfähigkeit schlicht nicht leisten können? Werden die künftig noch mehr benachteiligt sein?

In seinem Buch Das *Versprechen der Schönheit* zeichnet der Literaturwissenschafter Winfried Menninghaus die Umrisse des Projekts ästhetischer Selbstbearbeitung: »Immer mehr Menschen verbringen immer mehr Zeit und verwenden immer mehr Geld auf den Kultus ihrer selbst, auf das Entwerfen, Pflegen und permanente Korrigieren der Bilder, in denen sie sich selbst und anderen erscheinen möchten: von der schwierigen Auswahl der Kleidung, der Einrichtungsgegenstände und Kosmetika über das »shaping« durch Fitness- und Diätprogramme, das »styling« von Frisur und Haarfarbe, das »lifting« durch die immer zahlreicher gewordenen Möglichkeiten der plastischen Chirurgie bis zur laufenden Verfeinerung der ästhetischen Kompetenz durch die Lektüre von immer mehr Mode-, Architektur-, Design-, Musik- und Lifestyle-Zeitschriften.«

Na und, könnte man sagen. Oder?

Man sollte im Blick behalten, dass Körperoptimierung kein neues Menschheitsthema ist. Und man sollte auch die paradoxen Effekte der physischen Perfektionierung sehen. Aus der »physical attractiveness«-Forschung wissen wir, dass Schönheit nicht nur Vorteile, sondern auch Nachteile einbringt, sowohl beruflich wie privat. Das beginnt bei dem Vorurteil, herausragende Schönheit sei selten mit Intelligenz gepaart, setzt sich in dem Verdacht fort, den Spitzenjob habe man doch nur wegen seines Aussehens bekommen, und endet bei Neid und Eifersucht, denen herausragende Schönheit tendenziell ausgesetzt ist. Längst ist es so, dass auch Männer und nicht bloß Frauen ihre Körper entsprechend bearbeiten. Das Ganze kann sehr anstrengend werden, wenn es zu einer überkritischen Selbstbeobachtung kommt.

Ewige Unzufriedenheit mit sich selbst ist dann das Ergebnis. Psychologen sprechen von der Denormalisierungsangst. Gemeint ist, dass die Angst zurückzubleiben oft größer ist als der Wille, der Erste, Schönste und Beste zu sein. Als Motiv für pharmakologische Selbstkorrekturen kann diese Angst natürlich auch politisch eingesetzt werden. Alarmierend wird es dort, wo es ein Kalkül gibt, soziale Probleme nicht politisch zu lösen, sondern klinisch entsorgen zu wollen.

Intuitiv scheint es eine weit verbreitete Abneigung gegen Manipulationen am menschlichen Gehirn zu geben. Doch was sind eigentlich die Gründe, die gegen Glücks- und Konzentrationspillen zur Verbesserung der Befindlichkeit sprechen? Ist das Argument, hier werde mit der bloßen Verfügbarkeit von Gehirndoping-Methoden ein latenter Zwang ausgeübt, tatsächlich stichhaltig? Gibt es dieses Zwangspotential zum Mitmachen-Müssen, diesen Anpassungsdruck nicht bei jeder Innovation – von Haushaltsgeräten angefangen bis zu Internet und Handy?

Ich finde, da gibt es Unterschiede. Wir sollten die Leistungsverstärker, die jetzt oder in Zukunft zu haben sind, nicht nivellieren. Zwischen einer Tasse Kaffee und einem Gehirnimplantat liegen Welten. Neuro-Enhancement, wie man die biotechnische Stimulierung des Gehirns ja auch nennt, gleicht eben doch eher dem Sport-Doping als dem Kauf einer vollautomatisierten Wasch- und Trockenmaschine. In diesem Sinne meint die Philosophin Bettina Schöne-Seifert, es liege auf der Hand, »dass die selbstmanipulative Verwendung von Psychopharmaka jemanden auf andere Weise ängstigen, abstoßen oder auf permanente Selbstbeobachtung fixieren könnte, als es das Besteigen der ersten elektrischen Eisenbahn tat.« Dieser Nachteil werde nun aber noch dadurch gesteigert, dass das

Gehirndoping primär auf Wettbewerb (in der Schule, im Beruf) ausgerichtet sei. Nicht – wie bei Autos oder Dampfbügeleisen – aus Neugierde, um des Sozialprestiges willen oder auf der Suche nach Hilfsmitteln, die die Lebensqualität steigern könnten, werde hier oft zum Schlafbedarfszügler oder zur »smart drug« gegriffen. Diese Überlegung finde ich überzeugend, und ich frage mich, ob wir nicht allzu bereitwillig der herrschenden Wettbewerbsideologie entgegenkommen, wenn wir anfangen, uns klüger oder selbstbewusster schlucken zu wollen. Aber auch hier beobachte ich, wie die ethische Debatte über diese biotechnischen Eingriffe als Schrittmacher fungiert, um die Entwicklung voranzutreiben.

Neulich wurde bekannt, dass Sie Ihre Kleidung secondhand kaufen. Da ist man erst einmal überrascht.

Ich bin nicht der Typ für Ausgefallenes, und so stehe ich nicht unter dem Zwang, jedem Trend hinterherjagen zu müssen. Aber ich habe doch in Sachen Mode einiges dazugelernt. Bei mir gab es da auch verschiedene Phasen der Auseinandersetzung. Weil ich so sparsam erzogen wurde, wollte ich früher nie viel Geld für Mode ausgeben. Ich habe mich aber überzeugen lassen, dass es sich doch lohnt, in Aussehen zu investieren.

Meine frühere Haushälterin hat mich darauf gebracht, Secondhand-Kleidung zu kaufen, zugegebenermaßen Secondhand auf sehr hohem Niveau. Diese Marken könnte ich mir neu gar nicht leisten. Aber man muss einfach sagen, dass sie ihr Geld auch wert sind. Einem gut geschneiderten Kostüm sieht man es nicht an, wenn es schon einige Jahre auf dem Buckel hat. Dieser Gedanke der Dauerhaftigkeit gefällt mir sehr gut. Es stört mich gar nicht, etwas zu kaufen, was vor mir schon eine andere Frau getragen hat. Im Gegenteil. Für mich ist diese Boutique in Berlin-Zehlendorf, die ich vor gut zwanzig Jahren aufgetan habe, Gold wert. Ich habe nämlich nicht viel Geduld beim Einkaufen und einfach auch nicht die Zeit. In diesem Laden finde ich geschmackvolle Sachen in bester Qualität.

Wie wichtig sind Ihnen Mode und Kleidung?

Kleidung ist mir durchaus wichtig. Ich bin ja nun doch so etwas wie eine öffentliche Person und muss damit umgehen, dass ich sichtbar bin. Es gehört einfach dazu, dass auch meine Kleidung ein gewisses Maß an Professionalität ausdrückt. Ich gehe nicht gerne in Sachen, bei denen ich die Sorge habe: Die stehen mir nicht. Ich glaube, das ist eine generelle Regel. Man muss seine Stärken entdecken und betonen. Mode, ich meine hier das Auswählen von Kleidung, ist ganz und gar keine oberflächliche Tätigkeit. Kleidung kann und sollte Ausdruck von Haltung und Denkweisen sein. Im Verhältnis zu dem, was man trägt, findet sich ein ganz gutes Stück Lebensgeschichte wieder, und das macht Mode – trotz aller Gleichmacherei der Bekleidungsindustrie – zu einer höchst individuellen Angelegenheit.

Zum Beispiel habe ich als Schülerin meine Sachen auch selbst genäht. Das hat mich insofern geprägt, als ich heute noch ein Gespür für die handwerkliche Qualität von Kleidung habe. Es gefällt mir, wenn Sachen gut gemacht sind, aus hochwertigen Stoffen, die gut verarbeitet wurden. Das ist eine Kunst für sich, die leider immer seltener wird. Ich denke, es hat weitreichende Folgen – und eben nicht nur in ökonomischer Hinsicht –, dass Kleidung immer billiger wird. Sie ist dann einfach oft von viel schlechterer Qualität, die im Akkord genäht wird. Dazu noch aus Stoffen, die ja häufig aus billigsten Kunstfasern bestehen. Kein Wunder, dass das alles in kürzester Zeit schon nicht mehr tragbar ist.

Es gibt hier nicht nur die wirtschaftliche Dimension der Wegwerfindustrie, um immer mehr neue Sachen auf den Markt zu bringen. Die Einstellung »geht das eine kaputt, kaufe ich mir eben ganz schnell was Neues« hat auch großen Einfluss auf das, was ich Stilverlust nenne. Wenn ich mir jederzeit für wenig Geld etwas

Neues kaufen kann, brauche ich mir nicht mehr so viele Gedanken darüber zu machen, ob es auf Dauer zu mir passt. Und das ist ein Stilproblem.

... über Gott und die Welt

Das Verhältnis von Politik und Religion ist ein Schlüsselthema für das Zusammenleben geworden. Es berührt alltägliche Fragen der Integration und der Menschenrechte, erstreckt sich vom Frauenbild bis zum Moscheebau. Welche Linien zeichnen sich da für Sie ab?

Wir haben uns in letzter Zeit daran gewöhnt, die Religionsfrage unter dem Aspekt gefährlicher Konflikte und zerstörerischer Gewalt genauer zu betrachten. Damit sahen sich plötzlich auch genuin theologische Fragen mit Aufmerksamkeit bedacht, sofern ihre säkularen Effekte greifbar wurden. Das Grundgesetz sieht ein friedliches Zusammenleben unterschiedlicher Religionen vor, denn es verbietet die Benachteiligung aufgrund religiöser Zugehörigkeit. Als Problem kommt die Religionsfrage dann in den Blick, wenn Glaubensunterschiede den Frieden stören, wenn sie zu gewaltsamen Konflikten führen, wenn Religionen Gewalt begünstigen oder wenn staatliche Politik einer Vielfalt von Religionen unterdrückend oder gewalttätig begegnet, statt Toleranz zu üben. Vor Augen stehen dann dunkle Fundamentalismen, hierarchische Unterdrückungen, aufklärungsfeindliche und Gewalt fördernde Bevormundungen, gar Selbstmordattentäter. Immerhin begegnet man gegenwärtig der Religion in der Öffentlichkeit, auch in Europa, mit unerwarteter Neugier, zum Teil sogar mit Respekt, wobei man sich des Eindrucks nicht ganz erwehren kann, dass wir in letzter Zeit Zeugen medialer »Schauprozesse« wurden und dass der Respekt aus der Erwartung herrührt, Religionen könnten oder würden bereits jetzt über die Medien neue innerweltliche Macht entfalten, weswegen wir sie nicht vernachlässigen dürften. Das spirituelle Zentrum von Religion, die nicht instrumentelle und nicht zu instrumentalisierende Beziehung zwischen Mensch und Gott, zwischen dem Menschen und dem Heiligen, treffen solche Überlegungen gerade nicht.

Politik und Religion können, wie Sie andeuten, wechselseitig füreinander eine Bedrohung darstellen. Wie sieht im Gegensatz dazu ihr wohlgeordnetes Verhältnis aus?

Wir finden zahlreiche historische und gegenwärtige Beispiele dafür, dass eine Politik, die sich auf eine absolute religiöse Wahrheit beruft, das Recht der Individuen, in einer de facto vielfältigen, auch gewollt pluralistischen Gesellschaft ihre eigenen Überzeugungen und Wahrheitsquellen zu behaupten, gefährdet oder auslöscht. Die autokratischen Epochen Ägyptens, das Spanien der Inquisition, das calvinistische Genf, die fundamentalistischen islamistischen Theokratien zeugen davon. Die Vereinigten Staaten von Amerika verdanken ihre Entstehung der Behauptung der individuellen Gewissensfreiheit gegen eine autokratische, religiös legitimierte Politik. In der aktuellen Auseinandersetzung um die politische Bedeutung und die Toleranzfähigkeit des Islam steht die Frage im Zentrum, ob der Islam die erkenntnistheoretische und daraus folgend: die institutionelle Unterscheidung zwischen Religion und Politik, zwischen den Ansprüchen des Staates und denen des individuellen Gewissens als Ergebnis der europäischen Aufklärung und als Grundlage der Toleranz anerkennen kann oder nicht.

Hier stellt sich die Frage, welche Risiken es hat, wenn religiöse Wahrheit und religiöser Anspruch sich einerseits transzendent begründen und andererseits innerweltlich institutionalisiert sind.

Gott als Stifter und Zentrum der Religion überschreitet, wie die Theologen sagen, unerreichbar alle endliche Erkenntnis oder Wahrheitsbehauptung. Aber seinen Geboten ebenso wie dem vom Menschen entgegengebrachten Glauben kommt innerweltlich eine absolute Verbindlichkeit zu. Genau da steckt die Möglichkeit des Missbrauchs. Denn diese Verbindlichkeit kann autokratische Gewaltausübung legitimieren, wenn ihre Interpretation bzw. ihre Sanktion in die Hände einer endlichen politischen Institution gelegt wird. Umgekehrt ist es gerade eben diese Verbindlichkeit, die seit Jahrhunderten den Widerstand gegen eine autokratische, gewaltbereite Politik genährt hat.

Man braucht doch hier eigentlich nur die Freiheit zur Testfrage zu erheben: Sieht Religion die Freiheit auch theologisch als ein Gut an und nicht als zähneknirschendes Zugeständnis, ist sie mit dem Pluralismuskonzept verträglich, sonst nicht.

Viele nichtreligiöse oder nichtgläubige Menschen können schwer nachvollziehen, dass Religion, trotz oder angesichts ihrer absoluten Verbindlichkeit, von gläubigen Menschen als Befreiung erfahren wird. Für sie steht die individuelle Freiheit dem göttlichen Gebot entgegen, dem sich die Freiheit zu unterwerfen hätte. Das erscheint plausibel, ist allerdings dann nicht der

Fall, wenn das göttliche Gebot einerseits zwar inhaltlich Orientierung, andererseits aber die Entscheidung dazu dem freien und als frei gewollten Entschluss der menschlichen Person anheimstellt.

Wenn der Gehorsam seinen Wert erst dadurch erlangt, dass er in Freiheit geschieht, weil sonst der Mensch als Geschöpf Gottes nur dessen Marionette, sein ausführendes Organ, kein in seiner Würde ernst genommener Partner Gottes wäre, dann findet die Freiheit des Menschen eine zusätzliche Unterstützung und Bekräftigung im Willen Gottes. Freilich wiederum nur dann, wenn die Allmacht Gottes nicht, wie bei Augustinus, der freien Entscheidung des Menschen zum Guten im Wege steht, weil diese, da alles Gute immer schon von Gottes Allmacht gewollt wird, gar nicht eigenständig vom Menschen gewollt werden könnte. Nach Augustinus ist daher menschliche Freiheit immer die Freiheit zum Bösen. Eine komplizierte, eher deprimierende Vorstellung.

Kolakowski schreibt in der *Gegenwärtigkeit des Mythos*: »Was wir mit Sicherheit wissen, ist, dass der Glaube an die vorgefundenen und nichtarbiträren Werte notwendig ist zur Aufrechterhaltung jeglicher menschlichen Gemeinschaft und dass es zugleich gefährlich ist zu glauben, dass diese Werte in irgendeinem Augenblick abgeschlossen und erschöpft seien,

dass sie von der situationsgebundenen Interpretation und der situationsgebundenen Verantwortlichkeit befreien könnten.«

Religiöse Orientierung befreit in dieser Deutung nicht von der Notwendigkeit und der Bereitschaft, sich innerweltlich zu verständigen. Diese Fragen zeigen, dass Religion gar nicht anders zu denken ist als in einem Spannungsverhältnis zur Kultur. Die völlige Zähmung der Welt und die totale Abschaffung ihrer Fremdheit hat Kolakowski immer als gefährliche Illusion bezeichnet, ob sie nun von der Religion oder von der Politik behauptet wird. Die mythologischen Interpretationen der Welt hält er für fähig, bei der Milderung dieser Fremdheit bis zu einem gewissen Grad behilflich zu sein und gleichzeitig das Verständnis dafür zu fördern, warum das nicht vollends erreichbar ist. So enthalten sie für ihn stets irgendeine Version des Höhlen-Gleichnisses, irgendeine Variante der Geschichte vom verlorenen Paradies.

Ein Religionsverständnis, das den Staat als rechtmäßig geordnetes Gewaltmonopol akzeptiert, verzichtet auf Absolutheit und räumt ein, dass das Gelingen menschlichen Lebens von Konflikten beeinträchtigt werden kann. Es begreift den Menschen zwar als Geschöpf Gottes, aber nicht als gefeit gegen das Böse oder eindeutig bestimmt für das Gute, sondern als zu

beidem fähig und in seiner Würde auf Freiheit angelegt. Politik und Religion sind insofern einander ergän-
zend zugeordnet, als die Religion Wegmarken eines
»guten, gelungenen Lebens« zeigt, aber gerade um der
in ihr angelegten und gebotenen Freiheit willen die
Politik in ihre Autonomie entlassen muss.

Eine Politik, die der Religion unterworfen würde,
liefe Gefahr, die im Glauben angelegte Freiheit zu pervertieren. Umgekehrt ist mit einer derartigen freiheitlichen Politik nur eine Religion vereinbar, die ihre absolute Verbindlichkeit in der konkreten Handlung an die
freie Entscheidung der Menschen knüpft und diese
nicht durch ausdrücklichen Zwang oder durch de facto
zwingende Gewohnheit annulliert. Damit ist nicht
eine Relativierung des religiösen Ernstes gefordert, sondern die Einsicht in die Begrenztheit menschlicher
Endlichkeit gegenüber der absoluten Majestät Gottes.

**Ihre Anmerkungen zu diesem Thema sind doch
eigentlich ein Beleg dafür, dass der Pluralismus zur
theologischen Schärfung der religiösen Gehalte beiträgt und nicht notwendig zu ihrem Substanzverlust.**

Dennoch mag die Koordinierung von freiheitlicher
Politik und Religion im Zeichen der Freiheit immer
ein bisschen nach Patchwork-Religion klingen. Können wir uns angesichts der bestehenden Religionen

und ihres eigenmächtigen Wirkens und vor allem angesichts ihres göttlichen Ursprungs – wenn wir ihn ernst nehmen und Religionen nicht nur religionswissenschaftlich bzw. religionssoziologisch betrachten – einfach eine derartige Komplementarität zurechtbauen? Natürlich können wir das nicht. Allein die gewaltsamen Auseinandersetzungen im Zeichen religiöser oder konfessioneller Zugehörigkeiten, die wir gegenwärtig beobachten, lehren uns, dass gegenüber den von ihnen freigesetzten Kräften derartige intellektuelle Konstruktionen eher hilflos anmuten. Auf der anderen Seite gibt es keine sichere Unterscheidung zwischen dem, was an diesen Auseinandersetzungen eindeutig religiös, und dem, was rein menschlich – sozial, psychologisch, ökonomisch, politisch – begründet oder bestimmt ist. Die Pluralität der Interpretationen in allen Religionen, auch im Islam, legt sogar den Gedanken nahe, dass es zumindest in jeder empirischen Religion vertretbare und legitime Versionen gibt, die dem hier skizzierten Verhältnis von Politik und Religion positiv entsprechen könnten. Einen Lackmus-Test mag dabei der Umgang mit Gewalt darstellen.

Welche Perspektive sehen Sie für das Zusammenleben der Religionen in Deutschland?

Die Väter und wenigen Mütter des Grundgesetzes haben wahrscheinlich nicht vorhergesehen, dass in einigen Jahrzehnten eine nennenswerte Zahl von Moscheen in Deutschland gebraucht würde, um die Religionsfreiheit ausüben zu können. Sie haben auch nicht an den Gesang der Muezzins gedacht, der vielen Deutschen von touristischen Aufenthalten am Nil, aber nicht in ihrem Heimatdorf vertraut ist. Sowohl die Vertreter der »Mehrheitskultur« – ich gebrauche das Wort in Anführungszeichen – als auch die Einwanderer müssen gewohnte Pfade verlassen. Die einen müssen erkennen, dass sie ihre bisherige Gewohnheit nicht den neuen Mitbürgern auferlegen können, und diese müssen begreifen, dass mögliche vor- oder undemokratische Implikationen ihres Religionsverständnisses nicht mit ihrer neuen Lebenswelt vereinbar sind.

Das erscheint zunächst für beide als ein Negatives, als eine Beschwernis. Aber bei Licht betrachtet bringt die Überwindung dieser Beschwernis beide dem Kern ihrer Religion näher. Damit wage ich die Behauptung, dass Intoleranz in keiner der Hochreligionen zum Kern des Glaubens gehört, dass sie vielmehr als fundamentalistische Verzerrung zu deren Zerstörung beiträgt.

Frau Schwan, worin sehen Sie den Sinn des Lebens?

Fragen wir lieber erst mal andersherum: Worin besteht er nicht? Das fällt mir leichter zu beantworten. Der Sinn des Lebens ist nicht die Lösung eines Problems, sondern eine bestimmte Art zu leben, sodass das Problem von selbst verschwindet. Aristoteles schreibt, dass ein Leben in Einsamkeit nur etwas für Götter und wilde Tiere sei. Zwar weiß ich nicht, ob sich Götter und Tiere da nicht missverstanden fühlen. Aber mir scheint doch klar zu sein, dass es Sinn nicht für einen Einzelnen geben kann. Der methodische Individualismus, wie er in weiten Teilen der politischen Ökonomie zu Hause ist, wo der Mensch generell nur rational seine individuellen Interessen verfolgt, taugt nicht für eine Bestimmung von Sinn. Der Sinn des Lebens beruht auf Gemeinsamkeit und Gegenseitigkeit, er ist notwendig subjektiv, aber deswegen kein individualistisches Projekt. Liebe ist die Form der Gegenseitigkeit, die es uns am ehesten ermöglicht, unsere Fähigkeiten frei zu entfalten. Terry Eagleton erklärt das in seinem schönen Buch *Der Sinn des Lebens* wie folgt: Liebe bedeute, »für einen anderen den Raum zu schaffen, in dem er sich entfalten kann, während er dasselbe für uns tut. Die Erfüllung des einen wird zur Grundlage für die Erfüllung des anderen. Wenn wir unser Leben in dieser Weise entfalten, sind wir so gut, wie wir nur sein können.«

Ziel wäre also eine Entfaltung, die auf Gegenseitigkeit beruht. So persönlich müssen wir es schon meinen, wenn wir sagen, dass der Mensch ein politisches Wesen ist. Zukunft haben wir nur gemeinsam.

Biografie

Gesine Schwan, 1943 in Berlin geboren, stammt aus einem sozial engagierten Elternhaus, das im Nationalsozialismus protestantischen und sozialistischen Widerstandskreisen angehört und sich nach dem Krieg für die Freundschaft mit Frankreich und Polen einsetzt.

Nach dem Abitur 1962 studiert sie Romanistik, Geschichte, Philosophie und Politikwissenschaft in Berlin und Freiburg/Breisgau. Dort lernt sie ihren ersten Mann, den Politikwissenschaftler Alexander Schwan, kennen. Studienaufenthalte in Warschau und Krakau zur Vorbereitung der Dissertation über den polnischen Philosophen Leszek Kolakowski schließen sich an.

1971 wird Gesine Schwan Assistenzprofessorin am Fachbereich Politische Wissenschaft der Freien Universität Berlin und habilitiert sich 1975 mit einer Arbeit über die philosophischen und politökonomischen Voraussetzungen der Gesellschaftskritik von Karl Marx. 1977 wird sie Professorin für Politikwissenschaft, insbesondere für politische Theorie und Philosophie an der Freien Universität Berlin. Forschungsaufenthalte in Washington D.C., Cambridge und New York folgen. Ihre Forschungsschwerpunkte sind Politische Philosophie und Demokratietheorien, in letzter Zeit vor allem auch Fragen der Politischen Psychologie und der Politischen Kultur.

1989 stirbt nach langer Krankheit ihr Ehemann Alexander Schwan und lässt sie mit zwei Kindern zurück. 2004 heiratet Gesine Schwan in zweiter Ehe Peter Eigen.

Von Oktober 1999 bis September 2008 ist Gesine Schwan Präsidentin der Europa-Universität Viadrina in Frankfurt/Oder. Im Januar 2005 übernimmt sie das Amt der Koordinatorin der Bundesregierung für die grenznahe und zivilgesellschaftliche Zusammenarbeit mit der Republik Polen. In dieser Funktion ist sie zudem Mitglied des Kuratoriums der deutsch-polnischen Wissenschaftsstiftung, deren Gründung sie maßgeblich vorangetrieben hat. Gemeinsam mit Frau Prof. Dr. Irena Lipowicz ist sie Vorsitzende des Deutsch-Polnischen Forums.

Gesine Schwan, die 1972 in die SPD eingetreten ist, hat neben ihrer wissenschaftlichen Karriere in zahlreichen politischen Gremien mitgearbeitet. Von 1977 bis 1984 und erneut seit 1996 ist sie Mitglied der Grundwertekommission beim Parteivorstand der SPD, von 1985 bis 1987 Vorsitzende der Deutschen Gesellschaft für Politikwissenschaft, von 1993 bis 1995 Dekanin des Fachbereichs Politische Wissenschaft der Freien Universität Berlin und von 1994 bis 2000 Mitglied des Vorstandes der Deutschen Vereinigung für Politische Wissenschaft (DVPW).

Gesine Schwan ist darüber hinaus seit 1994 Mitglied des Kuratoriums der Theodor-Heuss-Stiftung, seit 2001 Vorsitzende des Wissenschaftlichen Beirats des Centre Marc Bloch in Berlin, seit 2005 Mitglied im Senat der Max-Planck-Gesellschaft, seit 2006 Mitglied des wissenschaftlichen Beirats des CIERA (Centre interdisciplinaire d'études et de recherche sur l'Allemagne), seit 2006 Mitglied der Académie de Berlin, ebenfalls seit 2006 Mitglied des Kuratoriums der Haniel Stiftung, seit 2007 Mitglied des Kuratoriums des Stein-Preises der Alfred-Töpfer-Stiftung und seit 2008 Mitglied des Kuratoriums des Wissenschaftszentrums Berlin (WZB).

2004 wird Gesine Schwan mit dem Marion Dönhoff Preis für internationale Verständigung und Versöhnung ausgezeichnet. Seit 1993 ist sie Trägerin des Verdienstkreuzes 1. Klasse des Verdienstordens der Bundesrepublik Deutschland. 2006 wird Gesine Schwan mit der Ehrendoktorwürde des Europäischen Hochschulinstituts Florenz für ihre Verdienste um das Zusammenwachsen der Wissenschaftskulturen in Europa geehrt.

Gesine Schwan publiziert seit Beginn ihrer wissenschaftlichen und politischen Tätigkeit regelmäßig über die ihr wichtigen Themen. Die wichtigsten ihrer jüngeren Publikationen sind:

Politik und Schuld. Die zerstörerische Macht des Schweigens (Fischer, 1997).

Antikommunismus und Antiamerikanismus in Deutschland. Kontinuität und Wandel nach 1945 (Nomos, 1999).

Demokratische politische Identität. Deutschland, Polen und Frankreich im Vergleich (Hrsg.; Verlag für Sozialwissenschaft, 2006).

Allein ist nicht genug. Für eine neue Kultur der Gemeinsamkeit (gemeinsam mit Susanne Gaschke; Herder, 2007).

Im März 2004 wird Gesine Schwan von SPD und Bündnis 90/Die Grünen zur Kandidatin für das Amt der Bundespräsidentin gewählt. Bei der Wahl am 23. Mai 2004 unterliegt sie mit 589 zu 604 Stimmen ihrem Gegenkandidaten Horst Köhler. Im Mai 2008 wird sie erneut von der SPD für die am 23. Mai 2009 stattfindende Wahl für das Amt des Bundespräsidenten nominiert.